殴られて野球はうまくなる!?

元永知宏

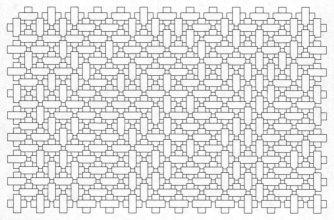

講談社+α《プラスアルファ》文庫

はじめに　暴力事件によって夢を奪われた球児たち

「〇〇高校で暴力事件が発覚、夏の甲子園を出場辞退！」

もしこのニュースを見たら、あなたはどんな反応をするだろうか。

「まさか、高校野球で暴力事件が起こるはずがない」と思うだろうか。

それとも、「やっぱり、まだ野球部では暴力があるんだな」と考えるだろうか。

あるいは、「高校野球でそんなことがあるはずがない」と憤《いきどお》るだろうか。

まだ年号が昭和だったころ、野球というスポーツの近くには暴力があった。

上級生が下級生をしつけるための暴力――練習後に下級生を「集合」させ、「説教」するというのは、どこの野球部でも当たり前に見られる光景だった。甲子園に出るような強豪であればあるほど苛烈《かれつ》さを増すというのもまた常識だった。

選手を追い込むための暴力――どんなにプレッシャーがかかる場面でも平常心で戦えるように、どんなときでも監督の指令に忠実に動けるように、肉体的にも精神的にも選手を苦しめた。

「死ぬ気でやれ！」

「できるまで、一〇〇回でも二〇〇回でもやれ！」

そんな怒号がグラウンドではよく飛んでいたものだ。

「思いこんだら試練の道を行くが男のど根性」という歌詞が『巨人の星』の主題歌にあった。うさぎ跳びをする星飛雄馬《ひゅうま》の姿を思い出す四〇代、五〇代の人は多いだろう。『巨人の星』に代表される「スポ根漫画」の影響力も大きかった。

まだ、学校でも家庭でも、暴力が日常的にふるわれていた時代。親に殴られることも、教師に叩《たた》かれることも珍しくはなかった。

高校野球の世界では特に顕著だった。

殴られても蹴られても、自分が信じた監督の指導についていくのが昭和の高校球児だった。監督から課せられた猛特訓、先輩からのしごきを乗り越えることで勝利はつかめるのだと多くの人が考えていた。

だから、日本中が熱狂する甲子園大会では、健康問題などは無視して、「血染めのボール」や「○○球を投げ切ったエース」などと礼賛する見出しが新聞に並び、テレビでも「傷だらけで戦う球児」を褒《ほ》めたたえるニュースが流れた。

厳しさの対価が勝利だと思われていたのだ。

水も飲めない、ろくに休憩もない。苦しい練習を三六五日続けることでしか勝利は得られないと考えられていた時代が確かにあった。

しかし、年号が平成に変わってから、もう三〇年が経とうとしている。高校球児の多くが二〇〇〇年以降の生まれだ。彼らに、昭和の価値観が残っているはずはない。栄養に気を配った食事、水分補給の大切さもみんなが知るところになっている。「ピッチャーは肩を冷やしてはいけない」という迷信を信じる指導者は、もういないだろう。科学的に裏づけされたトレーニングを行う野球部が増え、高校生の体は見違えるほどたくましくなった。

投手のボールのスピードは格段に速くなり、いまでは一五〇キロを超えるストレートを投げるエースはいくらでもいる。

しかし、それでもまだ、暴力が高校野球から離れない。

二〇一六年八月、北照高校（北海道）は秋季道大会への出場を辞退すると道の高校野球連盟に届け出た。主な理由は部員の暴力だった。打撃練習中の下級生の態度が悪いということで上級生が平手打ちしたほか、SNSで上級生の悪口を発信した下級生の顔を殴るという暴力行為があった。そのほかに、部員の試験でのカンニング、校則違反のバイク免許取得、野球用具のインターネット販売などの不適正な行為が確認された。同校野球部は、無期限の活動休止を宣言した（現在は活動再開）。春夏合わせて八度も甲子園に出場している強豪校の不祥事は大きなニュースになった。

北照高校の野球部長が部内暴力の報告遅れで謹慎三ヵ月の処分を受けた二〇一六年一〇月、日本学生野球協会は一一件の処分を決めた。そのなかには、下級生への暴力、部員のいじめ、部外生徒への暴力、コーチの部員への暴力などがあった。

振り返ってみれば、二〇〇〇年代になってからも暴力事件は後を絶たない。

二〇〇五年八月、高知県大会で優勝し、夏の甲子園出場を決めていた明徳義塾高校（高知）が大会直前に出場を辞退した。複数の野球部員が一年生部員に暴力行為を働いたことがわかったからだ。部員の喫煙を日本高等学校野球連盟（以下、日本高野連）に報告しなかったことも問題視された。明徳義塾に代わって、高知高校が甲子園に出場した。

二〇〇六年三月には、前年夏の甲子園を制した駒大苫小牧高校（北海道）が、出場が決まっていたセンバツ大会を辞退した。卒業式を終えた三年生部員の飲酒・喫煙が発覚したことが直接的な原因だが、前年に野球部長の暴力事件があったことも大きく影響している。現在ニューヨーク・ヤンキースでプレイする田中将大《まさひろ》は三年の春、センバツに出場できなかった。

明徳義塾や駒大苫小牧が処分を受けるおよそ二〇年前、のちにメジャーリーガーになる高校球児が悲劇に遭遇した。上級生からの下級生への暴力が発覚し、出場停止処分を受けた新宮高校（和歌山）に、若き日の藪恵壹《やぶけいいち》がいた。

一九八五年六月に一年間の出場停止処分が下されたため、二年生の夏の県予選と秋季大会に出ることができなかった。三つ残っていたはずの甲子園の切符が、一気に二枚なくなってしまった。残されたチャンスは一回だけ、藪は失意の一年間を送った。

本人は当時をこう振り返っている。

「本当に空白の一年間でした。二年生の六月から翌年六月まで出場停止処分を受けたため、練習試合もすることができず、ただ練習だけ。目標も何もない、悪夢の一年間でした。高校生のうちに甲子園に出られるチャンスは五回しかないのに、二回は出場停止。それも自分たちが二年生になってからですから。

練習はできても、対外試合は禁止なので、精神的にきつかったですね。勉強もしていたはずですが、まったく頭に入らず……。気持ちを切り替えられたらよかったのでしょうけど、高校生では無理でした。まったくいい記憶のない、実りのない時間でした」

最後の夏は県大会の準々決勝で桐蔭高校に〇対一でサヨナラ負けを喫し、甲子園出場の夢は断たれた。

大学に進んで野球をやろうと思っても、県大会ベスト8の実績しかない藪が野球推薦で進学することは難しかった。結局一年間浪人し、東京経済大学に入学。その後、朝日生命を経て阪神タイガースに入団するが、そのときにはもう二五歳。ずいぶん遠回りを強いられた。のちにオークランド・アスレチックス、サンフランシスコ・ジャイアンツで活躍する藪の野球生命は一六歳で消えていたかもしれない。

プロ野球で活躍できる能力を持っている者はまだいい。出場停止処分を受けたことで、多くの選手が野球の道を断念せざるをえなかった。一生消えない傷を負い、大好きだった野球を憎むようになった選手もいるだろう。

これらの悲劇に関しても「氷山の一角だ」とする声は多い。時代がどれだけ変わっても、野球と暴力の関係が切れないのはなぜだろうか。

二〇一五年一〇月、プロ野球で三二年間プレイした山本昌《まさ》が現役引退を発表した。一九八三年ドラフト五位で中日ドラゴンズに入団。プロ通算二一九勝一六五敗五セーブ、防御率三・四五という記録を残している。二〇一四年九月に史上最年長勝利、引退する同年一〇月に史上初の五〇歳出場・登板を果たした。

その山本昌は引退後、さまざまなメディアでこう発言している。

「僕が一番、星野仙一監督に殴られました。怒られるのは気持ちが逃げていたときですね。星野監督は怒鳴っても、試合で使って育ててくれました。いまの自分があるのは、星野さんのおかげです」

これに似た話は野球界にいくらでもある。

冒頭で暴力事件の報道を知ってどう思うか？　と書いた。

私は「やっぱりそうか」と思う人間だ。なぜならば、大学時代に体育会野球部に所属し、さまざまな形の暴力を体験したからだ。

一九八六年、私が入部した立教大学野球部は一九六六年以来、長くリーグ優勝から遠ざかっていた。スポーツ推薦による入学制度もなく、甲子園経験者は数えるほどしかいなかった。甲子園で活躍したスターが集まる明治大学、法政大学はもちろん、早稲田大学、慶應義塾大学の後塵を拝していた。さらにいえば、一度も優勝したことのない東京大学に敗れることも、最下位に沈むこともあった。

八十数名の部員は全員、埼玉県新座市にある智徳寮で暮らしていた。狭い六畳の部屋に布団を並べて寝ていた。朝七時起床、消灯は二三時。些細《ささい》なことで罵声《ばせい》を浴び、誰かのミスで鉄拳が飛んだ。その四年間はいつも暴力という緊張感のなかにあった。

だから、暴力が野球選手にとってどういうものかは身に染みてわかっている。うまく手なづけることができればものすごい効果を生み、使い方を間違えればとんでもない惨劇が起きる。だが、一時的であったとしても、暴力の効能は確かにある。

私自身、それを見たことがある。

暴力によって、チームに緊張感が生まれる。
暴力によって、選手が覚醒することがある。
暴力によって、みんなが必死になる。
暴力によって、根性がつく。
暴力によって、うまくなる。
暴力によって、チームが勝てる。

本当かウソかはわからない。だが、いまもこう信じている人はいないだろうか。
暴力を懐に忍ばせ、指導を行っている監督やコーチはいないだろうか。

時代は変わった。
野球の指導の現場でも、暴力を正面から肯定する人間は少ないだろう。しかし、「暴力は反対。だけど……」と思っている人はたくさんいる。

暴力はいまでも、野球の近くにある。

ものすごく身近にある。

本書では、実際に野球の最前線で戦う野球人、かつて戦っていた経験者の証言をもとに、野球と暴力との危うい関係をひもといていく。

果たして、暴力を使わないで日本の野球を発展させることは可能なのだろうか。

暴力に代わるものは、どこかにあるのだろうか。

目次

第2章　強豪野球部の日常

第3章　根性をつけるための暴力的な指導

第4章 元プロ野球選手が語る「暴力」の功罪

第5章　甲子園常連チームができるまで

第6章　ラテンアメリカから見た日本野球

第7章 暴力なしで強くなる方法

殴られて野球はうまくなる!?

文中　敬称略

第1章　野球界が暴力を容認する理由

「暴力のおかげで強くなった」は本当か

日本プロ野球の最年長勝利記録を持ち、通算二一九勝を挙げた山本昌は若手のころ、当時ドラゴンズの監督だった星野仙一に鉄拳制裁を受けたことを、さまざまなメディアで面白おかしく語っている。

「あの理不尽さを乗り越えたから、いまの自分がある」と、星野の暴力的な指導の効能について触れている。マウンドからダグアウトに戻った山本は、ベンチ裏で指揮官から何度も鉄拳を見舞われたという。

山本昌は一九六五年生まれの五一歳。このエピソードを公然と語ることができるのは三〇年も前のことだからだ。「五〇歳まで現役を続けることができたのは指導者のおかげ」という文脈で語ると、美談にもなる。

第三者から見れば、目をそむけたくなるような暴力でも、当人たちにとってはいい思い出なのかもしれない。プロ野球とはつくづく特殊な世界だ。コンプライアンスに厳しい昨今、普通の職場なら、暴力行為はもとより、暴言だけでアウトなのに。

しかし、私はこれまで二五年以上、スポーツ業界と出版の世界に携わってきて、これと似た話をたくさん見聞きしてきた。

かつて読売ジャイアンツの投手として絶大な人気を誇り、江川卓《すぐる》とのトレードによって阪神タイガースに移籍した小林繁《しげる》もそうだった。

「悲劇のヒーロー」としてもてはやされ、移籍一年目に二二勝をマークして、最多勝、沢村賞を獲得した小林は、ライバル球団であるジャイアンツとタイガースの違いを私にこう語った。

「組織そのものが何を目指すのか。そこにテーマを置いて個人を教育して、人間形成までやるのが本当の組織。監督の川上哲治《てつはる》さんはそれをやった。伝統があるということは、先輩から後輩に伝承されるものがあるということ。ジャイアンツでは、『チームのために死ねる』という教育ができている。でも、タイガースは自分のために生きる球団。だから、選手も監督も含めて個人個人が勝手気まま。それでは組織としては戦えない。

チームのためにその意識が継承されないと、本当の伝統とは言えない。タイガースにはそれがない。だから、勝てない。僕が引退した理由はそれです。このチームでは勝てないと思ったから」

規律違反をしたら問答無用で鉄拳制裁

タイガースに在籍した五年間で七七勝を挙げた小林は三一歳という若さでユニフォームを脱いだ。引退したシーズンに一三勝もマークしながら。

「怪物」江川に押し出される形でチームを追われたものの、小林には古巣に対する畏怖の念があった。

「プロで初勝利を挙げた翌日、オレはベンチに入っていなくて、先輩の家族や知り合いにチケットを渡す役目をしていた。そうすると、マネージャーが『ひとつ勝ったくらいでちょろちょろしてるんじゃないよ、コノヤロー』と言う。言いがかりみたいなものだし、こちらには事情があるけど、言い訳はできない。ガツンとやられたね。そのうえ、心当たりもないのに『おまえ、最近、あっちこっち、出歩いているみたいだな』と言われる。監督には、生活を律することが大事だと釘を刺される。みんなが、天狗にならないようにと思ってくれたんだね」

現在とは比較にならないほど、ジャイアンツへの注目度が高かった時代。人気が出れば誘惑も増える。監督やコーチだけでなく、スタッフ全員が小林の動向に目を光らせていた。

「一軍で勝ち始めたときに、寮の門限を破ったことがあって……、寮長にロッカールームに呼び出されて、ボッコボコに殴られた。『ええか、うちはジャイアンツや。五勝くらい、誰にでもさせることができる。自分の力で勝ったと思うなよ。おまえの代わりはいくらでもおる』と言われた。これから球場に行くところだったけど。『オレはもう五勝もしているピッチャーなのに』と思いながら、殴られ続けたね」

鉄は熱いうちに打て!

一軍選手が顔を腫《は》らして球場に行くことよりも、ここで小林を指導することのほうが大事なのだと寮長は思ったのだろう。プロ野球選手として認められつつあった小林のプライドはズタズタにされた。

「グーパンチで、ボコボコだった。あんなに殴られた経験は生涯で二回くらいしかない。でも、憎しみはなかったし、やっぱり反省した。それまで組織に入るという経験がなかったから、すごく効いたよね。ジャイアンツというチームの価値観がわかった。

マウンドに上がるとき、死んでも自分から降りられないと思っていた。そういう教育をされるので、ほかのチームと実力が拮抗していても負けない。ひとりひとりがそんな気持ちでいるから、組織の目標がひとつになっているから、昔のジャイアンツは強かった」

チームの規則に違反するとどうなるのか、寮長は拳《こぶし》でわからせようとしたのだ。私には、端正なマスクとダンディさが売りだった小林が寮長に殴られ、顔を腫らしている姿は想像できなかった。このとき、「小林さんでもそんなことがありましたか……」という間の抜けた返答をしたことを覚えている。

あの長嶋茂雄が若い投手に手をあげた

一九六五年から九年連続日本一を達成したジャイアンツで、川上哲治から監督の座を引き継いだのは「ミスタープロ野球」長嶋茂雄だった。しかし、監督一年目の一九七五年は最下位に沈んだ。V9時代を支えた選手たちには、もう衰えが見えていた。そのころ、若手の育成を目指した指揮官が鉄拳をふるったエピソードが残っている。『長嶋監督の往復ビンタ』(ザ・マサダ/小学館文庫版は一部改題)という書籍は、西本聖《たかし》が現役を引退したあとに書いたものだ。一九八〇年代に入ってから江川卓とともにジャイアンツの二枚看板として活躍する西本だが、一九七九年はまだ期待の若手にすぎなかった。広島東洋カープとの一戦で三連続死球を与えたあと、ノックアウトされた。試合は引き分けに終わったが、リリーフ登板した角《すみ》光男(現・盈男)とともに監督の部屋に呼び出された。

西本はこう書いている。

監督は僕たちに気づくと、腰にバスタオルを巻いただけの姿で近づいてきた。すさまじい形相で僕を睨みつけている。

「おまえらは！」――

いきなり強烈なビンタが飛んできた。

一瞬、耳がキーンとして頭の中が真っ白になった。体のバランスを失いそうになったが、腹筋に力を入れて踏ん張っていると2発目が飛んできた。

続いて角にもバシッ、バシッとビンタが飛んだ。

「おまえらは、命まで取られるわけじゃないだろう！ ビビッて投げやがって！」

そう叫ぶと監督はまた僕の顔を平手でたて続けに殴った。

「根性のないピッチングしやがって！」

「逃げるなって言ってんだろ！」――

西本は指導者から受けた鉄拳について、こう語っている。

「これまでもビンタや鉄拳による制裁は高校時代から何十回と受けてきた。しかし今度のビンタは〝制裁〟などという月並みなものではなかった。〈愛のムチ〉とでも言

〈お前たちにこれだけ期待し、チャンスを与え続けてるのに〉という思いがビンタの一発一発にこめられていた」

一九八〇年に一四勝をマークした西本は、一九八五年まで六年連続で二桁勝利をマークした。一九八一年には一八勝でリーグ優勝に貢献し、沢村賞も受賞。日本シリーズで二完投勝利をあげてMVPに選ばれた。

プロ通算成績は一六五勝一二八敗一七セーブ、防御率三・二〇。一九九四年、長嶋が監督をつとめるジャイアンツで二〇年間のプロ野球人生を終えた。「長嶋さんのおかげで」という感謝が、この書籍には込められている。

なぜプロの監督は選手を殴ったのか

いまでは想像もできないが、一九七〇〜八〇年代のプロ野球界では、指導者やコーチ、寮長などによる暴力的な指導は珍しくなかった。むしろ、それを礼賛する報道もあった。選手を徹底的に指導する熱血監督を受け入れるムードが社会にもあったからだろう。

かつてパ・リーグの「お荷物球団」と言われた阪急ブレーブス、近鉄バファローズの監督として選手たちを育成し、八度のリーグ優勝を成し遂げた西本幸雄《ゆきお》には、手をあげたエピソードが数え切れないほどある。快速球で鳴らした山口高志（阪急ブレーブス）の高めのボールを振って三振した羽田《はだ》耕一（近鉄バファローズ）をポカリと殴ったのは有名な話だ。

しかし、その裏側には西本なりの揺るぎない信念があった。『パ・リーグを生きた男　悲運の闘将　西本幸雄』（ぴあ）という書籍の構成を担当した私はそのとき、西本の指導に対する思いを聞いた。

「監督と選手、選手同士が衝突することが悪いものとして残ることもあるよな、発展途上の場合は特に。でも、トラブルとは言わんけど、カッとなってやりあうことはあっていいんだと、俺はそう思ってる。

ただ、監督として許せることと許せないことはある。手を抜く、怠ける、そういうことや。選手はみんな、監督のことを見てるんやね。『あのことに監督が何も言わなかった』となったら困る。ひとつのことを容認してしまったら、みんなが同じことをやり始めるよ」

弱小チームを鍛えあげ、数年でリーグ優勝するチームに生まれ変わらせるために、少しの妥協も許されない。一瞬気を抜いただけで、チームが崩壊することもある。だから、西本は常に選手に厳しい目を向けた。

「監督の意向、方針を何としてでもチームに植え付けるんだという気持ちでいなくちゃならん。選手はやっぱりそれに従わないといけない。そういう監督と選手の関係を作るのは、チームを預かった者の責任でもあると思う。そういったものをうやむやにしていると、しめしがつかない。一対一ならまだしも、集団になると、陰に隠れてバレなきゃいいというヤツがいくらでもおるわけや。

ほっておくと、いつの間にか汚いヤツらのグループができる。ある種のサボり気分で、しんどいから勘弁してくれという、それぐらいのことは『へばっとるかな』という感じで見逃すけどね。集団が悪い方向に流れてしまいそうなくらいに危険なことは、何としてでも止めなきゃいかん。若い選手たちをある方向に全部を向かせようとしたら、それぐらいの気持ちがないとダメだよね」

西本に育てられた選手たちは一流プレイヤーとなり、その後は指導者としてプロ野球の発展に尽くした。三〇〇勝投手の鈴木啓示《けいし》（元近鉄バファローズ監督）、アンダースローの投手としては日本最高の通算二八四勝を挙げた山田久志（元中日ドラゴンズ監督）、通算一〇六五盗塁を記録した福本豊（元阪神タイガースコーチ）、二〇〇一年にバファローズをリーグ優勝に導いた梨田昌孝《まさたか》（現東北楽天ゴールデンイーグルス監督）らは西本の教え子だ。

「俺は怒って手を出したと言われることもあったけど、そんなことではないのよ。根本はね、一緒に野球をやるヤツにはみんな幸せになってほしい、そういうものがあるわけや。勝つとか負けるということだけじゃない。チームに入ってきた人とは何らかの縁があるんだから、どうにかして幸せになってほしい。そういう優しさみたいなものや」

当時のプロ野球ファンが西本を支持したのは、チームが強かったからではない。チームづくりに対する情熱がグラウンドの外にまで伝わったからだろう。バファローズ監督時代に、西本はこんな言葉を残している。

「なぜ、ウチの選手にあれだけの練習をさせるのか。世の中には必ずしも日の当たる場所で働いている人ばかりではない。たとえ日の当たらないところでも毎日コツコツと努力している人は多い。その方々のためにも、努力していれば、いつかはきっと日が当たるんだということを証明したい」

指導者に相手を思う気持ちがあれば、暴力は単なる暴力ではなくなるのかもしれない。

私が教え子たちに取材をしたのは、西本がユニフォームを脱いで二〇年以上も経ってからだが、「西本さんは本当に怖かった」と誰もが言った。同時に、恩師に対する感謝の言葉を述べることも忘れなかった。

厳しいところで耐えると厳しい場面で力が出せる

ジャイアンツやバファローズが優勝争いを展開していた一九八〇年代前後、高校野球の主役だったのは大阪のＰＬ学園高校だった。野球部ができたのは、一九五六年。一九六二年に初めて甲子園に出場して以来、春夏合わせて七度も全国優勝を果たしている。

一九七八年夏には西田真二、木戸克彦のバッテリーによって初めての全国優勝を果たした。一九八三年夏には桑田真澄《ますみ》・清原和博の一年生コンビの活躍で優勝。一九八五年夏、桑田・清原の「ＫＫコンビ」が宇部商業高校をサヨナラで下して、最後の夏を制した。一九八七年には立浪和義、野村弘樹、片岡篤史《あつし》、宮本慎也など、のちにプロ野球でもスターになる選手を揃えて春夏連覇を達成した。

ＰＬ学園からプロ野球に飛び込んだ選手は八〇人を超え、桑田真澄（元ピッツバーグ・パイレーツ）、福留孝介（元シカゴ・カブス、現阪神タイガース）、前田健太（現ロサンゼルス・ドジャース）などメジャーリーガーも誕生している。

ＰＬ学園野球部の厳しさは高校野球でも群を抜いていた。二〇〇〇本安打を放った清原和博、立浪和義、宮本慎也らはみんな「一億円もらってもＰＬの一年生には戻りたくない」と口を揃えた。

しかし、その厳しさが甲子園での神がかり的な勝負強さにつながっていたことは誰もが認めている。

『ＰＬ学園ＯＢはなぜプロ野球で成功するのか？』（橋本清・著、ぴあ／新潮文庫）という書籍のなかで、ＯＢたちはこう語っている。

「（ＰＬ学園ＯＢがプロ野球で活躍できるのは）ＰＬの厳しい環境に耐えてきたから

やろうね。野球に揉《も》まれてきたから。やっぱり、厳しいところで耐えると、厳しい場面で力が出せると思う。僕は、ＰＬの厳しい環境のなかで野球をやらせてもらったことで耐える力がついた」（立浪和義）

「殴ることがいいことだとは言わんけど、『殴られてもやる』くらいの根性がなかったら、一発勝負のスポーツで勝つことは難しい。勝負の世界はそんなに甘くない。そういう根性がなかったら、『逆転のＰＬ』は生まれなかったと思う」（片岡篤史）

しかし、かつて栄華を極めたＰＬ学園野球部はもう存在しない。

二〇一六年夏の大会を最後に休部していたが、二〇一七年三月には日本高野連に脱退届を提出した。休部に至る原因はひとつではないが、これまで公になった暴力事件が大きな原因であることは間違いない。

上級生が下級生をバットで殴るなどの暴力事件が明らかになり、六ヵ月の対外試合禁止処分を受けたのが二〇〇一年七月。そのため、直後の夏の大阪府大会、その後の秋季大阪府大会には出場できなかった。

この処分を下した牧野直隆日本高野連会長（当時）はこう語っている。

「『オレのところはＰＬだ』という姿勢があったのではないか。上級生が下級生を殴り、下級生が上級生になったら、またやる、という繰り返しではいけない。愛情を持って、暴力によらず厳しく指導することはできる」

しかし、この事件以降も、暴力事件が絶えることはなかった。

二〇〇八年八月、当時の監督が部員に暴力をふるったとして解任された。

二〇一一年一一月、部内暴力などで一ヵ月の対外試合禁止処分を受けた。

二〇一三年二月、上級生の下級生への暴力事件が発覚し、六ヵ月の対外試合禁止処分を受けた。

暴力事件によって、自らの首を絞める結果になった。ＰＬ学園ＯＢ、高校野球ファンの間でも復活を望む声は強いが、現在のところ、絶望視されている。

猛練習と暴力的な指導で勝利をつかむ

プロ野球でも、高校、大学野球でも長く暴力的な指導が「よし」とされてきたのは、そこに勝利があったからだ。愛情あふれる指導者の「愛のムチ」によって選手が覚醒し、日本を代表する選手になり、また指導者となった。

歴史は常に勝者によってつくられる。しかし、隠れた悲劇が存在することもよく知られている。

指導者による暴力事件によって出場辞退に追い込まれる高校は数え切れないほどある。部員同士のケンカや非行行為によって、活動停止を余儀なくされる高校もあった。

野球というスポーツと暴力との親和性が高すぎたことが原因だろう。

殴られたおかげで、選手たちが強くなったから。

猛練習によって、根性がついたから。

とことんまで選手を追い込んで試合に勝てたから。

簡単にいえば、指導者の暴力によって、常識はずれの猛特訓によって、勝利をつかむチームが続出したからだ。それを美談として伝えたメディアも共犯者だったのかもしれない。

もちろん、歴史に名を残したチームのすべてが、スパルタ式練習法と暴力的な指導によって勝利をつかんできたわけではない。

一九八〇年夏から一九八二年夏まで、早稲田実業高校（東京）のエースとして五季連続で甲子園に出場し「大ちゃんフィーバー」を起こした荒木大輔は自身の高校時代をこう回想する。

「早実には、厳しい上下関係はありませんでした。雑用や練習の準備を一年生がやるというくらいで。当時の和田明監督には『自分たちの時代にはあったけど、そういうのは嫌だったし、理不尽に感じていた。だから、やるな』と言われていました。練習時間も短くて、特別厳しいことはしていませんでした」

しかし、このようなチームは当時、珍しかった。ほとんどの野球部員はこう考えていたはずだ。

甲子園に出たければ猛練習するしかない。

勝つためには監督の暴力にも耐えるしかない。

厳しすぎる上下関係も野球部には付きものだ。

それらに打ち勝って初めて、勝利をつかむことができる。

プロ野球選手だって、殴られながら成長したのだから。

いまでも同じように考えている指導者がいるかもしれない。

本当にそうなのだろうか。

本書のエピソードは二〇年以上前から最近のものまであるが、あくまで過去のものだ。しかし、すべてを昔話だと片付けることができるだろうか。

残念ながら、野球と暴力の関係はずっと続いているように思える。

外部から見える暴力的な指導や非科学的な練習は減少している。だが、多くの指導者は、根っこの部分で暴力を否定できないでいるのではないか。

私は、暴力を是《ぜ》とする者ではない。「賛成か反対か?」と問われれば、即座に「反対」と答える。しかし、「反対」と口で言うだけで問題は解決するだろうか。

勝たない限り、指導者にも選手にも明るい未来は訪れない。

甲子園出場を義務づけられた強豪の監督は、敗北によって厳しい立場に追い込まれることがある。野球の実績をもとに進学や就職を目指す選手たちにとって、甲子園に出られるかどうかは将来を大きく左右するファクターになる。たかが高校生の部活動ではあるが、勝敗は大きな意味を持っている。

果たして、暴力的な指導をまったく行わないチームが、指導者が叱責もしないで、罵声のひとつも浴びせないで、本当に勝てるのだろうか。

次章から、高校野球の名門と言われるチームに伝統的に残る上下関係について、強烈な指導力を持つ監督と選手との関係について、証言者のコメントをもとに深く掘り下げていく。

取材者が所属した野球部は現在も存在するが、指導者が交代しており、指導態勢も変わっているところが多数ある。そのため、第2章と第3章は校名を伏せ、証言者は匿名とする。

本書は暴露、告発を目的とするものではない。この点をご承知おきいただきたい。

第2章　強豪野球部の日常

「集合」も「説教」もない普通の部活動

現在、日本高野連に登録している高校の硬式野球部は四〇〇〇以上ある（二〇一六年現在、四〇一四）。そのなかには甲子園常連校もあれば、強豪や古豪と呼ばれるところも、普通の部活動を行う野球部もある。

私が一九八六年に卒業した大洲《おおず》高校は愛媛県にある県立の進学校だ。創設は一九〇一年（明治三四年）、野球部にも相応の歴史がある。しかし、甲子園に出場したことはかつて一度もない。プロ野球選手になったOBはいるものの、一軍で活躍した選手は皆無。野球よりも、二〇一四年にノーベル物理学賞を受賞した中村修二の出身校であることのほうが通りがいい。私はいつも出身校について聞かれたときには「あの青色発光ダイオードの中村さんの母校」と説明している。

私が在籍していたころの野球部は、学校の歴史のなかでは比較的強かった。同じ地区にある宇和島東高校（一九八八年のセンバツで初出場初優勝、メジャーでも活躍した岩村明憲はじめ、多くのプロ野球選手が輩出している）に公式戦でコールド勝ちしたことも、夏の県大会三連覇を目指した川之江高校を相手に大番狂わせを演じたこともある。

しかし、最高成績は県ベスト16。甲子園など夢のまた夢だった。三年生の最後の夏には、前年に大勝した川之江に二対一八で五回コールド負けを喫した（川之江は甲子園に出場し一勝した）。

私のいた野球部には規律らしい規律はなかった。上級生が下級生を集合させ、説教する慣習もなかった。グラウンドにボールが落ちていたときの罰としてのケツバットが、暴力といえばそう言えるくらい、牧歌的すぎる部活動。先輩・後輩の上下関係も緩く、かろうじて、先輩にさん付けをして敬語を使うくらいのものだった。

進学校のために練習時間は短く(一七時から二時間か二時間三〇分程度)、猛練習することもなく、強化合宿など一度も行われなかった。部のキャッチフレーズも目指すべき目標もなかった。

中学時代、軟式野球とはいえ、四国で準優勝したチームの選手が複数いたのだから、鍛え方次第ではもっと勝てたのではないかと思う。しかし、もちろん、そうはならなかった。そして、高校卒業後に野球を続ける者はほとんどいなかった。

人目につかないところで行われる毎日の「説教」

どんな県でも、その県を代表する強豪や甲子園常連校のなかで、こんなふうにのんびりとした野球部はない。ベスト8に残るようなチームの練習には緊張感がみなぎり、殺気立った声が飛びかう。強豪同士の練習試合には、ネット裏に目利きのファンが詰めかけることもある。

甲子園出場が義務づけられた強豪野球部の日常はどのようなものなのか。東京にある名門野球部出身の谷津五郎(仮名)に話を聞いた。

「私が在籍していた野球部は日本中で誰も知らない人がいないほどの名門だと言われています。OBにはプロ野球で活躍する選手がいましたし、いまも現役で何人もプレイしています。

私が在学していた時代、監督が高齢だったこともあり、指導者の暴力的な指導はまったくありませんでした。上下関係は、ほかの強豪と言われるチームに比べれば緩いほうだったと思います。先輩が直接、殴ったり蹴ったりということは、ほとんどありませんでした。でも、心理的にガンガンプレッシャーをかけられました」

名門と言われるところにはたいてい、厳しい規律がある。規律と作法が、二年生から一年生へと受け継がれていく。もちろん、荒っぽいやり方で。

「グラウンドのレフト側に人目につかないところがあって、そこに集合させられ、二年生が一年生を説教するのが毎日の恒例行事でした。一年生は下を向いて三列に並ばされて、土手の上から二年生が見下ろす形。一方的に『声が出てねーよ』とか『練習中、たるんでるぞ』といった罵声が飛んできます。

叱られるたびに、全員がうつむいたままで『はいーっ』と返事をしなければなりません。理由はわかりませんが、そこで声が揃わないと、また罵声を浴びせられる。

ひと通り説教が終わったら、全員でグラウンドを走らされます。七、八周したあと、『ダービー』という競走が始まります。一番速かった人間だけが抜けることができる。トップになれなかったら、また続けて走ることになります。四〇人くらいいると、遅いヤツは四〇周近く走らされる。一周が四〇〇メートルとしたら一六キロですか。これはいつも練習後のことです」

もちろん、体を鍛えるためのトレーニングではない。練習中に「たるんで」いたり、「声が出てなかった」ことに対するペナルティだ。

授業が始まる前の教室で一時間の正座

「ある日、『明日、ミーティングだからな』と言われました。戦術的なことを教えてもらえるのかと思って、『ノートとかペンを持っていったほうがいいですか』と聞いたら、『おまえ、バカじゃないか』と笑われました。

早朝、六時三〇分に教室に集められて、授業が始まる直前まで説教が続きました。机を全部下げて、一年生は黒板に向かって正座させられる。その後ろから二年生が

『○○、おまえはなめてんのか!』とか『どういうつもりでやってるんだ!』と怒鳴る。なかには、『電車でつり革につかまってただろう』とか『練習帰りに買い食いしてたんじゃないか』というのもありました。ようは、ルール違反を見つけた二年生による指導でした。一般生徒が登校するくらいまで一時間は続きます。いっそ、二、三発殴られたほうが楽なんじゃないかと思いました」

名門と言われる野球部には、まわりから厳しい目が注がれる。ひとりでもマナーに反した人間がいれば、それは野球部全体の責任になる。だからこそ、厳しいペナルティを設けるのだろう。

「正座させられて説教されたり、延々グラウンドを走らされたりするのは、いつものこと。私が野球部にいたのは二〇年以上も前ですから、いまはもうそんなことはなくなっていると思いますが……。

後輩に説教するのが好きな人がいました。その人はレギュラーになれなくて、補欠のさらに補欠みたいな感じでした。部の風紀や規律を守るために、その人が頑張っていたということなのでしょう。やられるほうからすれば、嫌で嫌で仕方ありませんでしたが……。ほかの高校の野球部と比較したら、一〇段階で七くらいの厳しさだったでしょうか。理不尽なことはたくさんありましたけど、直接的な暴力やいじめはなかったので、まだマシだったと思います。

シニア時代のチームメイトが埼玉の高校の野球部に進んでいたのですが、久々に地元で会ったら目のまわりにすごい青あざをつくっていました。『どうした？』と聞くと、『ティーバッティングで変なところに投げたから殴られた』と言っていました。『ほかはもっとひどいんだ』と思いました。

僕らのときは、雑用はもちろん一年生の仕事、練習が終わってから、先輩のユニフォームを全部洗濯して、干して、帰ってました。スパイクもきれいに磨いて」

「説教」と「罰走」で新入部員は激減

高校時代、甲子園に出場することができなかった谷津は、大学に進学して神宮球場でプレイすることを目指した。その野球部もまた知らない人がいない強豪だった。

「私がその大学に入学する前に、いろいろな問題があり、厳しすぎる上下関係を改善しようという動きがあったようです。まったく殴られないということはありませんでしたが、毎日鉄拳が飛んでくる感じでもありませんでした」

伝統のある野球部では独自の儀式が待っていた。「集合」と「説教」、そして理不尽な「罰走」を課せられた。

「毎日、練習終了後にライトポールに集合させられ、正座で先輩の説教を聞くんです。いつもではないですが、『目をつぶれ』と言われて、横から蹴られることもありました。目をつぶっているので、いまでも誰にやられたかはわかりません。

そのあと一年生と二年生は、ライトポールからレフトポールまで五〇〜六〇本走らされます。そのポール間ダッシュのあと、三チームに分けて、アヒルみたいにしゃがんだ格好でベースランニング競走をさせられました。『負けたチームはもう一周』というルールで。

あるとき、僕のチームが僅差で負けて『あと五周』と命令されたのですが、あまりに疲れすぎた僕はベースを蹴っ飛ばして『クソーッ』と言ってしまいました。それが反抗的だと思われたようで、二、三発殴られて……また先輩が殴りかかってきたので反射的に投げたら馬乗りみたいになってしまい……そのときが一番殴られましたね。おそらく三〇発くらい」

毎日、練習後にこれほど厳しい儀式があれば、新入部員は耐えられるものではない。きっと一日が長く感じられたはずだ。

「入学してすぐのころは、四〇人以上の新入部員がいたのですが、走らされ、先輩から責められるので、すぐに一五人くらいに減ってしまいました。毎日毎日、練習が終わると説教⇒ポール間ダッシュをやらされるので。

そんな毎日でも僕が耐えられたのは、どうしてでしょうか。もしかしたら、子どものころから暴力をふるわれることに慣れていたからかもしれません」

谷津は幸か不幸か、暴力に対して耐性があった。少年時代からよくチームの監督に殴られていたため、暴力を受けること自体は苦痛ではなかったという。

「僕が一番殴られたのは小学校のとき。リトルリーグの監督がすぐ手をあげる人で、いつも殴られていたから、『殴られるのは当たり前』だと思っていました。小学生だから判断能力がなかったし、野球には暴力が付きものだと思い込んでいました。自分には息子がいるんですけど、悪いことをしたら殴ってしまいますね。

いま、少年野球のコーチをやっています。親にも殴られたことも怒られたこともないという子が、六年生でもざらにいます。『そんなのでいいのかな』と思ったりもします。個人的な感情で殴るのはよくないですけど、本当に悪いことをしても殴られないなら、大人や世の中をなめてしまうような気がして……」

谷津にはもちろん、暴力を肯定する気持ちはない。だが、その効能を全否定することもできないでいる。

「暴力にはもちろん反対ですが、『愛のムチ』なら使い方次第ではないかと思います。昔あったテレビドラマの『スクール☆ウォーズ』（ＴＢＳ系列）みたいに、先生が泣きながら殴るというのはありかもしれません。

先輩が後輩を殴ったり説教したりすることに意味はないと思います。建設的なアドバイスなら聞けますけど、『声が出てない』とか『気合が足りない』と言われても……。

野球部の後輩たちは好きなので、よく一緒に酒を飲みます。でも、先輩とは嫌です。いまでも緊張するし、『また何か言われるんじゃないか』と身構えてしまいますから」

練習は毎日六時間以上、休みは年末年始の三日だけ

甲子園常連校のなかでも、全国優勝を目指す野球部の練習は過酷だ。炎天下、何時間も何時間も立ちっぱなし、動きっぱなしだ。二〇〇〇年代に抜群の強さを見せた関西の強豪校のユニフォームを着て二度甲子園の土を踏んだ水原元気（仮名）の話を聞こう。

「入学する前に厳しいとは聞いていたので、覚悟はしていました。それでも嫌になるくらい、練習は厳しかったですね。野球部員は全員、一四時三〇分には授業が終わります。そこから照明が落ちる二一時までずっと練習が続きます。途中で軽い食事をとりますが、家に着いたころには疲れすぎて食欲がなくなっています。

一年のうち、休みは年末年始の三日しかありません。冬場は、プールだけの練習が週一日あって、それが休みみたいなものでした。毎日六時間以上も練習していると、ある程度、抜くことを覚えますね」

全国優勝も成し遂げたこの野球部は日本中の野球少年が憧れる強豪だが、他県から

越境する選手はあまりいない。

「基本的に入ってくるのは県内の選手だけ。自宅から通えない人は下宿住まいでした。部員が少ないので、練習の準備も片付けも全員でやります。寮ではなかったから助かりました。夜中まで先輩のマッサージをしたり、ユニフォームを洗ったりということはありませんでした」

指導者の目が行き届かない寮がいじめや暴力の温床になっていると指摘する声は多い。練習後に自宅に戻れば、上級生も下級生も気持ちがリセットされるのだという。

「一学年の人数が少ないので、人間関係はあまり大変ではありませんでした。一年生だけが雑用をさせられることもなかったし、トイレ掃除は三年生の仕事と決まっていました。だから、上下関係も厳しくなく、先輩から暴力をふるわれたことは一度もありません」

監督は手はあげないけれど足が出るタイプ

連日、六時間を超える練習が続く。もちろん、監督の指導は厳しい。

「監督は誰よりも早くグラウンドにきて、ネットの補修をしたり、整備したりしていました。とても尊敬できる方でした。でも、本当に怖かったですね。試合に負けたら、罰として一〇〇メートルダッシュを一〇〇本も走らされるなど、ムチャクチャなことはたくさんありました。走り終えるまで、四時間くらいはかかったでしょうか。その間、監督がずっと見ているので、僕たちは手を抜くことはできません」

熱血で知られる監督は、技術に対してことさら厳しかった。バントや投手・野手の連係プレイなど、繰り返し繰り返し何度も行われた。

「できなかったら、ボールをぶつけられたり、蹴られたりしました。だからみんな、いつもピリピリしていました。監督は、手はあげないけれど足が出るというタイプ。ひどく罵倒されるということはありませんでした。

僕らのときは監督についていけば甲子園に出られるし、甲子園でも勝てるとみんなが思っていました。ダメなプレイに対して怒ることはありましたが、それほど理不尽なものではありません。記者が取材にくると監督が優しくなるので、選手たちは喜んでいました。

高校時代を振り返ると、甲子園に出られたのでよかったと思います。もし、一度も出られなかったら精神的に厳しかったですね」

名門の練習は緊張感がすごかった

野球経験者と話していると、よく聞く言葉がある。

「オレよりもうまい選手がいたけど、真っ先に狙われてすぐにいなくなっちゃったよ」

苦労してレギュラーを狙えるところまできたのに、自分をしのぐ実力を持つ新人が現れたらどうするか。正々堂々と戦うか、それともいじめて野球部をやめさせるかのふたつにひとつだ。これまで、先輩からのいじめによって、どれだけの逸材が野球をあきらめざるをえなかったか。

西日本の名門高校でエースとして甲子園で活躍した高杉和也（仮名）も、もしかしたら、犠牲者になっていたかもしれない。

「僕は中学のときにいくつかの高校から誘われていて、県内の強豪校のほかに神奈川県の高校に行く話もありました。僕が本当に入りたかったのは早稲田実業高校で、もちろん憧れたのは荒木大輔さん。でも、僕の高校の監督が熱心に誘ってくれて、『この監督さんのところなら人間的に成長できるだろう』と思い、甲子園に出られる確率が高いこともあって、入学を決めました。ただ、僕は中学時代、自分のペースで練習メニューも自分で考えてやっていたので、高校野球の軍隊的な厳しい練習になかなか馴染めなかったし、先輩に『これに意味ありますか?』『どんな意図があるんですか?』と聞くような新入生だったので、『舐めた新入りが入ってきたな』と目をつけられたと思います。『はい』と『いいえ』しか許されない環境で、一年間我慢できたことがいまでも信じられません」

お山の大将で野球をしてきた高杉が入学した野球部は、戦前から甲子園を沸かせてきた名門。名前を聞くだけで対戦相手がひるむほどの強豪でもある。

「何度も全国優勝したことのある名門なので、OB会も地域のファンもうるさかったから、監督は大変だったと思います。『勝たなければ』というプレッシャーが常にありました。僕が在学中、甲子園には二回出て、最後の夏は準優勝でした」

猛練習で歴史に名を刻んだ名門中の名門、猛練習のエピソードには事欠かない。もちろん練習も厳しいが、それ以外でも息を抜けるところがなかった。

「とにかく、練習中から緊張感がすごかった。『絶対にミスできない』というプレッシャーを感じながら毎日練習していたので、甲子園でも別に緊張することはありませんでした。

毎日の授業は一五時一五分くらいに終わります。チャイムが鳴ったら三分以内に着替えなければいけない。五時間目の授業のときには、制服の下にスライディングパンツもストッキングも穿《は》いていました。あとはユニフォームの上下だけ着れば練習できる状態にしておく。もし練習に一分でも遅れたら、大変なことになるので。着替えができた人からグラウンドに出て、全員でグラウンド整備をします」

野球部には自宅から通う生徒と、寮住まいの生徒がいて、寮では監督の奥さんが食事の世話をする。六畳間に二段ベッドをふたつ入れて四人で寝起きしていたが、連日、この狭い空間で新人いびりが行われた。

「練習が終わって、寮でも先輩にいびられる日々でした。なんだかんだと理由をつけて理不尽なことをやらされる。僕は入学してすぐにベンチ入りして練習試合にも出るようになったこともあり、五月ごろにはかなり激しくやられました。

どうでもいいようなことで、先輩に難癖をつけられます。ステッチのある白いカッターシャツを着ていると『なんでそんなものを』と言われました。おそらく、理由は何でもよかったんだと思います。名門と言われる野球部なので、ある程度は覚悟していましたが、想像以上でした。近くの中学出身の先輩もいるにはいたのですが、おとなしい人で、レギュラーなのにあまり発言権がない。『すまんな、オレに、もうちょっと力があったらかばってやれるのに』と言われました。『いえ、大丈夫です』と言って、ひたすら耐えました」

能力のある新入生が真っ先に狙われる

高杉は野球には自信があった。一八〇センチを超える体格は嫌でも目立った。すぐに、そのピッチングが認められて練習試合に起用されることになった。それが新人いびりに拍車をかけた。

「入部したときの同期は五〇人。そこそこいい選手が集まっていました。でも、上下関係と練習が厳しいので、五月ごろにはほとんどがやめました。中学時代に硬式野球で実績を残した選手も多かったのですが、もったいなかったですね。当時を振り返ってみると、完全にいじめでした。きつかった……。

先輩からの暴力は、監督から見えるところではありません。練習が終わって監督が帰ってから、部室でですね。でも、僕は監督の住む寮にいたので、『寮生は早く帰れ』と言われ、部室での暴力は避けられたのですが、寮に戻れば寮生の先輩がいました。寮に戻ってからも、グラウンドでやったのと同じ肉体強化のための練習をさせられます。腕立て伏せをやって、うさぎ跳びをやって、バービージャンプをやって、みたいな感じ。足上げ腹筋では上げた足の上に三キロの鉄アレイを載せられました」

これはトレーニングなのか、それともしごきなのか。目的が定かではないから、いっそう心にこたえる。

「精神的に追い詰められます。体力があればどうってこともないのですが、練習後は元気が残っていないのでつらい。練習だと思えばまだ耐えられますが、ただのいじめだから、実にならない。ただただ疲れるだけでした。寮のなかでのことなので、スケールが小さくて、陰湿で。

先輩の分のスパイクやグラブを磨くのも僕たちの仕事でした。冬場には『冷たいから、ちゃんと温めとけ』と言われ、胸に抱いて温めながら『何をやっているんだろう?』と思ったものです。雨の日の練習後のスパイクやグラブはドロドロで、新聞紙を詰めてもなかなか乾かないし……練習が始まるときにはピカピカになっていないとダメなので、かなり時間がかかりました。一時期は先輩が一塁手と二塁手を両方やっていて、ミットとグラブの手入れをするのが日課でした。

先輩の機嫌が悪いと、八つ当たりされます。『スパイクが汚い』と言われ、朝からゴミ箱に突き飛ばされたりしました。みんなが見ている前だと、『あいつ、またやられてるよ』と思われて、プライドがズタズタになります。ああいうのは許せないですよね」

ストレスは絶対的弱者に向けられる

ひたすら忍耐の日々。厳しい練習に耐え、理不尽ないじめに負けないように頑張る。一五歳の少年にとって、つらすぎる毎日だ。だが、怒りをぶちまけるわけにはいかない。いや、そんな素振りは一瞬たりとも見せるわけにはいかなかった。

「たぶん、一対一でケンカしたら負けなかったと思います。ただ、その時点で野球部にもほかの人たちにも迷惑をかけることになるし、部にもいられなくなります。だから、ひたすら我慢するしかない。先輩はそれがわかっているから無理難題を吹っかけてきたのでしょう。

寮のなかではひと息つける時間などありません。自分の時間が欲しいと思っても、ひとりにはなれない。銭湯に行くのが唯一の楽しみでした。もちろん寮には風呂があるのですが、先輩がたばこを吸っていて、『見張りしとけ』と言われて、面倒くさかった。伝統的ないじめのやり方があるという感じではなく、僕の場合は特定の先輩だけに気をつければ大丈夫といえば大丈夫でしたが。

僕が入学したときに、同期の一年生の前で『もし先輩にやられたら、オレが監督に言ってやるから』と宣言しました。『オレがやり返してやる』と言おうか、『監督に言う』かで迷って後者を選んだのですが、それでよかったとあとで思いました。『オレがやり返す』だったら、ボコボコにされていたでしょう。どこからか僕の発言を聞きつけた二、三年生が全員敵になりましたから。『おまえ、監督に言いつけるって言ってるらしいな。監督は敵だぞ』と言われて、大変なところに来てしまったと思いました。

練習試合で使ってもらってすぐに完封勝ちしたから、なんとか生き残れましたけど、そうじゃなかったら、どうなっていたかわかりません。結果を出してからは、あまり厳しいことを言われなくなりました」

グラウンドでは熾烈《しれつ》なレギュラー争いが展開されている。そこでは、上級生も下級生もない。だが、グラウンドを離れたあと、絶対的弱者である下級生に刃《やいば》が向けられることになる。

「よく、選手になれない補欠の先輩が下級生をいじめると言われますが、僕らの野球部はそうではありませんでした。『集合隊長』みたいな人もいたけど、それほどひどくなくて。僕の場合は、レギュラーの先輩にしょっちゅうやられていました。『早めに潰しておかないと自分の立場が危うい』と思っていたのではないでしょうか。

僕は小学校のとき、ソフトボール投げで七〇メートル八五センチを記録しました。たぶん全国でもそんなにいないのではないでしょうか。『ハンカチ王子』の斎藤佑樹が六八メートルですよ。最近、実家で賞状を見て、驚きました。

高校に入ったときも、一番、肩が強かった。目立つから、先輩は潰そうと思ったのでしょうね。存在自体が脅威で、なんとかして排除したいと考えていたはずです」

きつい練習には耐えられるがいじめはつらい

継承すべき伝統もあれば、断ち切ったほうがよいものもある。だが、その選別が高校生にできるはずもなく、ただただ次の学年に引き継がれる。悪習が残るのは、ある意味、仕方がない。

「振り返ってみたら、僕は自由にさせてもらったほうが伸びるタイプだったと思います。だから、規律も上下関係も厳しい野球部は、体質的に合ってなかったのでしょう。実際に、浮いていましたね。『声出せよ！』と言われても『はい』と答えるしかないのでそう返事しましたけど、『なんでそんなことで怒ってるんだろう』と思っていました。『声出してますけど？』と心のなかで思いながら……。まあ、そんなヤツはやられますよね」

敵は先輩だけではない。グラウンドには鬼のように厳しい監督とコーチがいた。

「監督も厳しかったのですが、あまり選手を殴ることはありませんでした。その分、コーチがひどかった。選手がちんたらノックを受けてると、ガンガン殴られる。選手が殴られない日はありませんでした。グラウンドのどこかで誰かが殴られる。

それでも指導者に殴られたことについては、まだ理解できるところもあります。あまりに毎日やられすぎたことと、練習試合などで対戦相手の前でやられるのは精神的にはきつかったですけどね。誰かがターゲットにされると、練習が終わってからも、その選手が『おまえ、何やってんだ？』と言われて、先輩からやられる。そんな日は地獄です。

練習でちょっとでも気を抜くと『おまえ、何してんだ？』と始まります。寮に戻ってからも先輩が部屋にきて、『少年ジャンプ、買ってこい』などと用事を言いつける。付き人制ではなかったのですが、なんとなく『担当』がある感じ。僕の場合、二年生に上がるときに三年生のエースと同じ部屋になったので、寮でのいじめはなくなりました」

それほどまでに厳しい毎日に、どうして耐えることができたのだろうか。

「入学前に上下関係が厳しいことはわかっていたし、『どんなことがあっても甲子園に行く』と決めていたので、耐えることができました。

練習自体は厳しかったですけど、それは覚悟のうえ。でも、いじめに関しては想像以上でした。それがなければ、やめる人も少なかったと思う。練習がきついのは耐えられるんですけど、練習で追い込まれたあとにそれが待っているとなると、精神的につらい。それで野球部からいなくなるのは理解できます。自分のなかで『甲子園に行くぞ』『絶対に優勝する！』という強い気持ちを持たない限り、続けてはいけないですね。

もちろん、同期でも野球を続けてほしい選手はたくさんいました。自分たちの学年になったときにうまい選手がいないと困りますから。でも、こればかりは本人次第、他人がどうこうすることはできません」

監督やコーチから日常的に暴力的な指導を受ける。先輩からのいじめもある。もちろん、理不尽な練習を課されたこともあった。

「僕は投げ込みも、かなりやりました。一日に四〇〇球くらいは投げたと思います。監督がブルペンから動かない日があって。何百球も投げていると、いい具合に力が抜けていきます。全力投球しなくても、いいボールがキャッチャーミットに吸い込まれていく。『いいぞ、その感覚を忘れるなよ』と言われて、『なるほど』と思いました。もちろん、ピッチャーは球数を放らないと、そういう感覚はつかめないでしょうね。

投げすぎはよくないですが、一度は経験したほうがいい。

強化期間中には卒業したOBが練習にきてくれるのですが、この人たちもかなり厄介でした。ケツバットを喰らったりしました。ひどいことをしても、監督もコーチも何も言いません。僕たちのために何時間もノックしてくれて、選手がちんたらしていたら腹が立つのはわかりますが、厳しいものがありました」

なぜ悪い習慣はなくならないのか

さまざまな困難を乗り越え、高杉は最上級生になった。背番号1をつけるエースには、これまでとは別の種類のプレッシャーがのしかかった。

「ひとつ上の学年は、期待されながらも甲子園には行けませんでした。僕たちの学年は実力的にかなり落ちると思われていたので、その分、一生懸命に練習をしました。僕はもともと肩もひじも悪かったので、秋季大会で負けて春の甲子園出場が絶望的になってからは、冬の間中、ひたすら走りました。

最後の夏に県大会で優勝して甲子園行きを決めたのですが、肩の状態はかなり悪かった。予選が終わって一日だけ休みがあって、甲子園に入ってキャッチボールをやろうとしたら痛くて痛くて……。鍼《はり》やいろいろな治療をして、なんとかもたせました」

高杉は、甲子園では六試合すべてに先発登板した。強豪チームを次々に撃破して、決勝戦まで勝ち上がった。

「目標にしていた日本一にはなれませんでしたが、決勝まで勝ち上がることができて満足した部分はあります。六試合投げて、疲れ切っていましたけど。

甲子園のマウンドに立っているときには、一年生のときにいじめられたことは忘れてましたね。最上級生になったときには監督やコーチの理不尽な指令にどう対応するかばかりを考えていました。僕らの学年はみんな賢かったので、うまく折り合いをつけることができました」

先輩のいじめに耐え、エースナンバーを獲得した高杉は後輩にはどのように接していたのだろうか。自分がやられて嫌だったことはしなかったのか、それとも……。

「後輩とバッテリーを組みました。センスはあったんですけど、野球があまりわかっていなくて、試合で使えるようになるまで苦労しました。

練習からずっと付きっきりで、『返球はピッチャーの胸に返せ』というところから始めました。捕りにくいところに戻ってくるとイライラするし、たいてい次の球がボールになるから。でも、僕があまりにもきつく言いすぎたせいでしょうか。『イップス』になって、ちゃんとボールを投げられなくなってしまいました。一八メートルが投げられないなんて、ありえないですよね。いまでは、かわいそうなことをしたなと反省しています」

イップスとは、精神的な原因などから動作に支障をきたし、自分の思い通りに体を動かすことができなくなる運動障害のことだ。もともとはゴルフで使われた言葉だった。技術のあるプロ野球選手でもイップスに悩む選手は多い。

その後輩のことは、いまでも心に引っかかっているという。

「僕たちは甲子園に出ることができて、いい思いもさせてもらいましたけど、同じような高校生活を送って勝てなかったとすれば、いいことは何もない。厳しく指導した後輩のキャッチャーには甲子園で負けたあと『厳しくして、すまなかったな』と言いました。甲子園で何度も握手することができたからいいものの、県予選で負けていたらどうだったでしょうか。後輩にとって、つらい記憶になったかもしれません。

いまでも後輩に対して『申し訳なかった』という気持ちがあるので、会うたびに謝っています。とにかく『一人前のキャッチャーにしないと』という気持ちだったんですが、当人はつらかったでしょう。これからも顔を見るたびに謝ろうと思っています」

被害者はそのキャッチャーだけではなかったかもしれない。足を踏んだ人間はそのことを忘れても、踏まれたほうはいつまでも覚えているものだ。

「後輩のキャッチャー以外にも、ひどいことをしたことがあったかもしれません。誰かに嫌がらせをしたことはありませんが、機嫌が悪いときに後輩にキツいことは言った可能性はあります。はっきりとは覚えていないけど、もしかしたら理不尽なことをしたかもしれない。罪悪感はずっと心のなかにありますね。自分たちの学年でいい成績を残したかどうかは関係ないですからね。はっきりしていることは、やられたほうは一生忘れないということ。これだけは間違いない」

猛練習と厳しい上下関係はセット

程度の差はあっても、甲子園を狙う強豪野球部には、厳しい上下関係が残っているところが多い。昔に比べて、緩くなっているとはいえ、まったくないところは少ない。それが野球界の常識だろう。

「そのなかで最後まで野球を続けられるかどうか。自分のなかで甲子園がどれほどのウエイトを占めているかによるでしょう。監督の厳しい指導を受けながら、仲間と切《せっ》磋琢磨《さたくま》することによって成長できるのが高校野球の二年四ヵ月だと思います。特に、苦しいことしかない下級生時代をどう過ごすのか。下積み時代にどんな経験をして、何を考えたかが大事です、それをベースにして、残りの一年四ヵ月で花を咲かせることができればいいし、もし花が咲かなくても、その後の人生で生きることがあるはずです。逆に一年生で順調な日々を送って、苦しいことが何もなかったとしたら、そのあとが大変かもしれない。一年生で壁にぶつかれば、反発心が芽生えたり、自分で考える力がついたりするのではないでしょうか」

強豪校の二年四ヵ月は、理不尽なことばかりかもしれない。ほかの人のために、頭を下げなければならないこともある。

「自分は何も悪くなかったとしても、理不尽なことにはぶち当たってしまうもの。『おかしい』と思っても飲み込まないといけないときがある。世の中に出れば、正しいことばかりではありません。野球部で理不尽なことに耐えられれば、たいていのことは乗り越えられるでしょう。

でも、殴られていいことなんか、ひとつもありません。『自分がやられて嫌だったことはやめよう』と思う人もいれば、そうじゃない人もいる。だから、いつまで経っても、野球部の体質が変わらないのだと思います。自分たちが上級生になったとき、誰かが『こういうルールはおかしいから変えていこうぜ』と言っても、『緩くしたらダメだ』という人間がいました。

僕は変なルールは変えていけばいいと思っていましたが、長く続いていることを変えるのはなかなか大変です。常識から外れていても、ルールはルールです。伝統みたいなものとくっついていると相当に厄介です。理不尽なルールでも一年間従っているうちに当たり前になって、おかしいと思わなくなるのかもしれません。閉ざされた世界にいると、特にそうですね」

高校野球から離れて年月が経ったが、あのときの先輩への怒りは消えていない。

「自分を殴った人に対して、会えば挨拶くらいはします。でも、それ以上の関係にはなりません。野球以外のところで助けてくれたとか、困ったときに手を差し伸べてくれれば別ですが……。自分が悪いことをして殴られるのは納得できますが、独特なルールとそれに伴うペナルティはなくしたほうがいい。

振り返ってみると、暴力をふるわれるほうにも問題はあったと思いますが、僕たちのころはひどすぎた。ただ、あの野球部で三年間耐えられたら、社会に出てどんなに不条理なことに遭遇しても大丈夫だと思います」

高杉は高校卒業後、大学野球の名門に進んだ。ここではまた別の種類のいじめが待っていた。

「野球のレベルが想像していたものと全然違いました。『こんなことしかやっていないのか』と驚いたほど。個々の選手のレベルが高いから必要ないのかもしれないけど、野球自体の質は高くなかった。緻密さもないし、野球を知っている人が少ないなと思いました。

そこにもやっぱり、いじめがありました。大学だと規模が大きすぎて笑えるほど。『軍曹』みたいな人がいて、一年生を並べて端から全員を殴っていく。『おまえはできているけど、連帯責任だからな』と言われました。大学ではそんなことはないだろうと思っていたので、失望しました」

残念ながら、先輩からのいじめは簡単にはなくならない。目に見えないところにしつこく残る。消えたと思っても、ふとしたはずみで甦《よみがえ》ることもある。勝利を求める集団にとって大きな障害なのに、どうして取り除くことができないのか。それは、人の心の問題だからだ。

先輩からのいじめをどうやって回避するかは難しい問題だ。後輩いじめ、部内暴力の火種はいまもどこかでくすぶっている。

寮とグラウンドでの細かい規則

この章に登場してもらった三人とも、強豪の大学野球部に在籍していた。歴史のある野球部の規則がどういうものなのか、私の経験をもとに詳しく書こう。

私は一九八六年から四年間、立教大学野球部でプレイした。一年生から四年生まで、全員が寮での生活を義務づけられ、自宅が近くにあっても例外なく、六畳間で三人（または二人）での生活を強いられた。

部屋長（四年生か三年生）と部屋っ子（二年生か一年生）という組み合わせだった。立教大学野球部には、一、二年生が下級生、三、四年生が上級生という線引きがあった。寮やグラウンドの雑用、グラウンド整備、練習の準備、片付けは下級生の仕事。上級生に課せられるのは、全員参加の寮の朝掃除だけだった。

大学入学前に入部希望の一年生が入寮し、三月中はお客さんとして扱われ、そのあと、四月一日から部員としての日々が始まる。

布団袋と野球道具だけを持って入寮した私たち一年生は、三月下旬のある日、ウエイトトレーニング器具が置いてある自習室に集められた。注意事項がびっしりと書き込まれた紙を渡され、寮則について説明を受けた。礼儀、挨拶、立ち居振る舞いなど、寮におけるNG事項を徹底的に叩き込まれた。たとえば次のようなものだ。

・上級生に話しかけることはできず、問われたことのみ「はい」か「いいえ」で答えること。

・練習が始まるまでは「おはようございます」、練習終了後までは「こんにちは」、練習終了後は「おつかれさまでした」、夕食後は「こんばんは」と先輩に挨拶すること。
・部屋に入るときは二回ノックして「失礼します」と言うこと。
・部屋長が部屋に戻るまで、正座で待つこと。「寝ていいよ」と言われるまでは寝ないこと。
・トイレや洗面所のサンダルは履きやすいように揃えること。
・寮にかかってきた電話は三回鳴るまでに絶対にとること。
・二年生の成人の日までは禁酒・禁煙（成人かどうかは関係なし）。
・「オレ」や「僕」を使わず、「自分」を使うこと。

一年生のミスは下級生全員の連帯責任

こんな規則がずらりと並んでいた。さらには、グラウンドでの練習中のルール、上級生からお使いを頼まれたときの注意事項、電話取次の際の段取りなど、事細かく記されていた。

下級生はさまざまな担当に分けられ、日々の雑用をこなさなければならない。私の場合、グラウンド整備では「ブルペン・外野」に配属され、ヘルメット係、トンボ係も兼ねていた。それぞれの係には複数の一年生がおり、二年生の指導を受ける。もし、何かしらの不備やミスがあればその係全員の連帯責任になるから、お目付け役の二年生は厳しい。

もしブルペンに小石が落ちていたら……「ブルペン・外野」が、もしヘルメットにひびが入っていたら……「ヘルメット係」が全員、罰を受ける。

グラウンド整備をしながら、ヘルメットのチェックをしてから決められた通りに並べ、フリーバッティングの準備（所定の場所にボールとネットを置く）を行う。開始時間に練習できるように準備を完璧にしておかなければいけない。一分たりとも、遅れることは許されない。

グラウンド以外でも、仕事はたくさんある。一年生には順番で、昼当番、夜当番、昼の食事当番、夜の食事当番が回ってくる。電話番（当番の間中ずっと）、先輩へのお茶出し、お使いをこなし、時間になれば日誌を書いて終了となる。

もし食堂にいる先輩にお茶を出しているときに電話が鳴ったらダッシュで（音を立てないで）電話対応をする。先輩の用事をしているときでも三回鳴るまでに電話をとらなければならないので、いつも必死だ。

練習開始直前、二学年上の長嶋一茂先輩に「ローソンでカセットテープ買ってきて」と言われたときに、必死でコンビニまでダッシュしたことを覚えている。

もし、電話が三回鳴ってしまったら……当番は罰を受けるし、上級生の気分次第では、一年生全員、あるいは二年生も巻き添えを食う場合もある。そうなれば、下級生全員から白い目で見られることになる。

どこで地雷を踏むかわからない

ボールが一個落ちていた、トイレのサンダルが揃っていなかった、電話が三回鳴った、先輩の用事を間違えた（「スポニチを持ってこい」と言われて「スポンジ」を渡した例あり）、言葉遣いが悪かった、たばこを吸っているのを見つかった……などなど、どうしても間違いは起きる。下級生が四〇人以上もいると、毎日、誰かが必ずミスをする。

練習終了後に全員で円陣を組んで「集合」し、まず監督の訓示を聞く。監督が去ったあとに、キャプテン、寮長やほかの四年生からの「説教」がある。四年生のあとに三年生が続く。

このときに下級生のミスや問題行動が議題にあげられ、該当者は責任を追及される。叱責で終わればラッキーだが、場合によって鉄拳が飛ぶこともあった。「特走」＝ライトポールからレフトポールの往復ダッシュが課されることも珍しくなかった。

一日の練習を終えたあとに「説教」と「特走」、その後にグラウンド整備、片付けをしなければならない。二一時からは「ボール磨き」（消しゴムで硬球の汚れを落とす）も待っている。

どれだけ神経を使っても、どこかに地雷が埋まっている。誰かがそれを踏んでしまえば当然、炎上してしまう。

温厚な上級生もいたものの、もちろん、聖人君子ではない。ご機嫌次第では、普段は見過ごされる些細なことで怒りを買う場合もある。それが下級生全体に飛び火して、一年生が二年生に締められ、同期の間でも諍《いさか》いが起こる。

試合に負けた、ミスをした、監督に怒られた——、そんなときにはいつも以上に注意が必要だ。嵐が起きたら、黙って身を縮めるしか方法はない。

当時の寮生活の空気を感じてもらえただろうか。

歴史のある野球部だから、その体質を変えることは容易ではない。発言権を持たない下級生はどれだけ理不尽なことがあっても飲み込みながら、耐えるしかなかった。ここを通過しない限り、神宮球場でプレイすることはできない。

この生活で選手たちが何を得たのかはわからない。私自身、収穫と言えるものはほとんどなかった。強いていえば、同じ苦労をした仲間との連帯感が強くなったこと、他人に対して気配りできるようになったこと、人の顔色が少し読めるようになったくらいか。

私の体験談は、あくまで三〇年も前のことだ。立教大学野球部は大きく様変わりしている。いまでは二〇〇人近い部員がいるが、彼らはもうそんな寮生活を送っていないし、理不尽な寮則も廃止された。もう「特走」もない。

第3章　根性をつけるための暴力的な指導

指導力とカリスマ性を併せ持つ名監督

甲子園で勝利を重ねる監督は、いずれも個性豊かだ。選手に「この監督のもとで甲子園を目指したい」と思わせるだけのカリスマ性と指導力を兼ね備えている。

甲子園での勝利数ランキングの上位を見てみよう（二〇一七年センバツまで）。

高嶋　仁《ひとし》（智辯学園〈奈良〉、智辯学園和歌山）六三勝三二敗　勝率六割六分三厘
中村順司（ＰＬ学園）五八勝一〇敗　勝率八割五分三厘

渡辺元智《もとのり》（横浜）五一勝二三敗　勝率六割九分九厘
前田三夫（帝京〈東京〉）五一勝二三敗　勝率六割八分九厘
馬淵史郎（明徳義塾）四八勝二九敗　勝率六割二分三厘
西谷《にしたに》浩一（大阪桐蔭）四二勝八敗　勝率八割四分
木内幸男《ゆきお》（取手二、常総学院〈両校とも茨城〉）四〇勝一九敗　勝率六割七分八厘
蔦《つた》文也（池田〈徳島〉）三七勝一一敗　勝率七割七分一厘

育成に定評のある人もいれば、戦術に長《た》けた監督もいる。野球に関する見識と指導にかける情熱では甲乙つけがたい、歴史に残る指導者ばかりだ。数々の名勝負を演出したコンダクターでもある。

この名将に共通するのは、練習にかける思いだろう。猛練習で鍛えあげ、あるいは合理的なトレーニングで技術を教え込んだ教え子たちが甲子園で暴れまわった。何度も甲子園で勝利をつかんだ監督はどんな練習を行い、どれだけ厳しい指導をしていたのか。全国優勝も果たした名将のもとでキャプテンをつとめた男に話を聞いた。

一〇〇〇発以上殴られても憎しみも怒りもない

西日本でも有数の激戦区を勝ち抜き、三年生の春夏ともに甲子園に出場した経験を持つ土井垣将人(仮名)。厳しいことで知られる監督に殴られたのは、高校入学前だというから驚きだ。

「オレのいた野球部の監督はおそらく日本でも指折りの、厳しい監督として知られている人。だから、選手たちはみんな、それなりに覚悟を持って入部してきたと思う。でも、上級生から下級生に対するいじめのようなものは一切なかったね。それ以前に、暴力事件で痛い目にあったことがあるから。だから、先輩から殴られたことはまったくない。

とにかく監督が強くて、監督対選手という図式。『どうにかして監督に対抗したい』と全員が思うから、チームのまとまりもいい。ライバルの高校のなかには、監督に厳しくされ、上級生からもガンガンやられるところがあったけど、オレが上下関係で悩んだことはなかった。

先輩からの暴力がないだけでも、かなり楽だったと思う。ある意味、健全と言えば健全。わかりやすかったね。監督による暴力的な指導はあったけど、部員同士の暴力はなかった。指導者には見識もあるし、同じ殴るのでも、加減とか、殴り方とかがあるわけだから。監督は『オレ以外は殴らせない』と、はっきり言っていたね」

土井垣は高校入学前の春休みから練習に合流していた。普通ならその時期は、まだ客として大事に扱われるものだが、監督にいきなり雷を落とされた。

「『覚悟して入ってこい』と言われて、それを事前に承知しているわけだから、こちらは文句を言えないよね。初めて監督に殴られたのは高校入学前の春休み。『これだけ早い時期に殴られたのはおまえだけだ』と言われたね。でも、少しも気にならなかった。

監督に期待されていたというのはあるかもしれないけど、それ以上に自分の性格的なものが大きかったと思う。『こいつは殴っても大丈夫』という見極めはあったんじゃないかな」

県を代表する強豪だけに部員数は多かった。一〇〇人を超える選手がいたが、グラウンドで練習できるのは一〇～一五人程度。少数のメンバーを徹底的に鍛えるのが監督の流儀だった。

「だから、監督が厳しかったといっても、みんなが殴られたわけじゃない。グラウンドで練習できるのはレギュラーだけ。ベンチ入りしていてもバッティング練習をさせてもらえない選手もいた。監督が練習を見るのはレギュラーだけだから、当然、殴られるのもレギュラーと決まっていたよ。そのなかに『殴ったらやめそうだな』という選手がいたら、監督は手をあげなかった。そこにはきちんとした判断があったと思う。

数えたことはないけど、オレは一〇〇発以上殴られたと思う。二年半でだから、一日一発以上の計算になるな。やられるときは単発ですまないから。でも、憎しみも怒りもまったくない。監督は気持ちを込めて殴ってるし、ちゃんとした理由もあるから」

愛のある暴力は「暴力ではない」

とにかく選手への愛情の深い監督だった。高校を卒業した野球部員が問題を起こしたときには、その選手が進学した大学にまで行って謝ったこともあった。

「本当に『私の指導が悪かった。すみませんでした』と土下座したらしい。そのくらい、教え子のことを思ってくれる人だったから。

もちろん、殴られたときには『理不尽じゃないか』という思いも少しはあった。明らかに感情的になっているときもあったし。毎日、学校から練習場までバスで移動するんだけど、『監督が座っている席だけ事故で吹っ飛ばされないかな』と思っていたもんね。でも、殴るという行為の根っこには『甲子園に行かせてやりたい』という思いがあるのが選手たちはみんなわかっていたから」

愛情を注ぐのは在学中の選手だけではない。野球部を巣立った選手のことも常に気にかけていた。

「東京にある大学の野球部に進んだＯＢがある日、監督のところに松葉杖をついてやってきた。『すみません。スキーに行って脚を骨折しました』と言う。そのとき監督は、『野球選手が脚を折ってどうするんだ』と言って、ボコボコに先輩を殴り始めた。『そこまでするか』と思ったけど、とにかく愛情のある監督だった」

甲子園を目指して入部しても、チャンスをもらえない選手もいる。大所帯のチームが一丸となるのは難しい。そこでキャプテンの出番になる。

「部員が一〇〇人いても、練習できるのは一〇〜一五人くらいだから、同期は四〇人くらいいたけど、どうしても温度差はある。二年生の秋からキャプテンをやらせてもらったけど、『オレが殴られて一体感が出るなら、それでいいか』くらいに思っていた。キャプテンが殴られても元気出してプレイしてたら、チームはピリッとするからね。実際に予選が始まったら『おまえを殴るぞ』と宣言されたし、『どうぞ』と答えたもの。オレは、そんなことくらいでめげるわけないし、絶対に『野球やめます』なんて言わないから」

一〇〇〇発以上殴られたなかで特に印象に残っている場面がある。最後の夏の地方大会直前、抽選会が行われる日のことだ。

「抽選会がある日は雨が降っていて、グラウンドでは練習ができそうになかった。雨天練習場はないから、普通は学校の廊下を走ったりするわけ。でも、その日は学校の門が閉まっていた。塀を乗り越えて内側から鍵を開ければなかに入ることができる。オレたちもそれがわかっているのに『門が閉まっているから入れないなあ』と思いながら休憩していたら監督が登場して、『キャプテン呼んでこい』となったわけ。

午後から抽選会だったので、練習できるとしたら午前中だけ。なのに、選手たちがボーッと座ってるから、監督は怒った、怒った」

「おまえら、何やってんだ?」

「門が閉まっていて入れないんです。なかに入るのが無理なので、練習しませんでした」

「そんなんで、おまえら、甲子園に行けると思っているのか」

そんなやり取りがあったあと、監督の鉄拳が飛んだ。

「『ふざけんな!』と怒鳴られ、ババババーンと殴られて、全員正座。あの日、チームはまとまったね。あれがなかったら、最後の夏、甲子園に行けなかったかもしれない。春のセンバツには出てたから、みんなには少し満足感もあった。自分のなかで『これは殴られるなあ』という予感はあったけど、『チームがピリッとすればいいか』とも思ったね。

いまは、そういうのを体罰と言うのかもしれないけど、オレは暴力とも何とも思わなかったよ。中身を知らない人には、前近代的な根性野球をする監督だと思われるかもしれないけど、先進的な部分もあって、あの当時、月曜日は練習が休みだった。甲子園に出たあとなかなか勝てなくて、監督も試行錯誤をしていたんだと思う」

「やれ！」と言われたら黙って従う

もちろん、練習は過酷だった。何のための練習なのかと選手が問うこともできないし、監督から説明などない。監督に黙って従うだけだ。

「監督に『ベースランニングを一〇〇周しろ』と言われれば、文句も言わずに走る。それが練習だと言われれば、やるしかない。

三時間くらいぶっ通しで監督がノックをすることはよくあった。選手たちは体力がなくなってヘロヘロになっていて何も考えられなくなっているけど、そのときに自然に体が動いてパッと捕れることがある。頭で考えないで体が勝手に動く感じ。理屈を超えたところでプレイするというのかな。

県大会の決勝とか甲子園で『絶対にミスできない』という場面があって、守っている人間は当然、緊張してるわけ。そのときに、頭で考えたことはなかなかできない。体で覚えたこと、本能みたいなものがないと力は出せない。体で覚えるためには、数をこなす必要があって、合理的な練習だけでは難しいと思う。緊張で体がガチガチになっても、いつも通りにプレイするには、極限状態にならないと、絶対に無理だ。そういうことを監督には教えてもらったよ」

初めて殴られたときはうれしかった

四国にある私立の強豪校で甲子園を目指した新田明雄（仮名）は、関西から選手たちが大勢やってくるなかで数少ない地元組、軟式出身だということで気後れする部分もあった。入学したとき、三年生が四人しかいなかったこともあり、硬式の実績がある同期が次々とチャンスをつかんでいった。しかし、新田はなかなかチャンスに恵まれなかった。

厳しい上下関係と猛練習で心身ともに疲弊していく。寮で三年生のエースが寝るまでマッサージをすることが就寝前の日課だった。

やっと自分が認められたと思ったのは、監督に初めて殴られたときだった。

「その高校の野球部を選んだのは、全国でも名を知られた監督のもとで甲子園に行きたいと思ったから。先輩たちはみんな怖い人ばかりだったし、嫌な思いもたくさんしたけど、なんとか続けられた。監督に初めて殴られたときは、『やっとオレのことを覚えてくれた』と思って、うれしかったね」

その高校は県内では強豪校のひとつに数えられていたが、なかなか甲子園には出られなかった。そこで白羽の矢を立てられたのが、甲子園で輝かしい実績を持つ名物監督だった。

「オレはベンチには入っているけど、試合には出たり出なかったり。三年生の五月ごろにレギュラーのレフトがケガをしたから、ここしかないと思って出場を直訴しようとした。チームのために、オレが試合に出たほうがいいと思ったから。キャプテンにもマネージャーにも事前に相談して了解をとったよ。それまで『はい』と『いいえ』以外に監督とまともに話したことはなかったけど」

出場を直訴したらボコボコに

意を決して、監督室のドアをノックした。「今度の試合で自分を使ってください」。そう言い終わらないうちに監督の鉄拳が飛んできた。新田は予想外の展開に戸惑った。

「そんなことになると思ってなかったから、びっくりしたよ。『おまえは、自分だけがよかったら、それでええんか！』と言われてボコボコ……。オレには自分をアピールするつもりなんて少しもなくて、ただただチームのことを考えての行動だったんだけど」

しかし、その直訴は結果的に功を奏した。しばらくして、先発出場のチャンスが与えられたのだ。相手投手はのちにプロ野球に進むサウスポー。一四〇キロのストレートと落差の大きいカーブが持ち味だった。

「監督からは試合前に『カーブを狙え』という指示があった。何度か対戦したことのあるピッチャーだったから、自分では『打てる』という自信があったよ。でも、試合になってそのカーブがきたら、体が固まって手が出ない。カーブを見逃して追い込まれて、ストレートを打って凡退を繰り返してしまった」

試合後、監督の怒りが爆発した。球場には大勢の観客がいたが、監督は容赦しなかった。

「白いユニフォームの胸のところが血で真っ赤っか。『ハイ、ハイ』と返事しながら、オレはひたすら殴られるだけ。監督の指示通りにできなかったのはオレの責任だからね」

結局、新田はレギュラーをつかむことはできなかった。チームも県大会で敗退し、甲子園出場の夢はかなわなかった。

「もし殴られて野球がうまくなるなら、オレはいまごろメジャーリーガーになってただろうね。そのくらい、監督には殴られた。高校を卒業して何年も経ってから、当時の先輩が母校の監督に就任したとき、先輩の後見人みたいになっていたオヤジ（監督）の運転手として、ずっとお付き合いをさせてもらった。

現役のときなんか、まともに口をきけなかったけど、ずいぶんかわいがってもらったな。葬式では中心になってお世話させてもらった。悲しい半面、最後まで一緒にいられてうれしいという気持ちもあったね」

監督と選手の間にどんな絆があるのか、第三者にはわからない。新田は甲子園には出られなかったが、その監督と一緒に野球をやれたことをいまでも誇りに思っている。

甲子園での酷使がたたって投手生命が絶たれた

二〇一七年三月に行われたセンバツ高校野球では、またあの問題がクローズアップされた。二回戦で対戦した福岡大附属大濠《おおほり》高校（福岡）と滋賀学園高校（滋賀）との一戦は、延長一五回でも決着がつかず、再試合になった。福岡大大濠のエース・三浦銀二は一九六球を投げたが、翌々日の試合でも先発し最後まで投げ切った。二試合の球数は三二六球。

続く準々決勝の報徳学園高校（兵庫）戦で三浦は「体が重いというか、少なからず疲労はありましたけど、僕自身は投げられる状態にあります」と語ったが、八木啓伸《ひろのぶ》監督はエースを登板させなかった。試合は三対八で敗れた。試合後に三浦は「自分が投げて負けるより、出なくて負けるほうが悔しい。もちろん、投げたい気持ちはありました」とコメントを残した。

前章にも登場した高杉は、肩の痛みを押して、夏の甲子園で六試合に登板した。本来のピッチングはできなかったが、要所要所を締め、勝ち上がっていった。高校卒業後、名門大学に進んだが、後遺症のために活躍することはできなかった。実力を考えれば、プロ野球選手になる可能性は高かったのだが。

「今年、監督からもらった年賀状に『すまなかった』と書いてありました。『おまえに頼りすぎてしまって、酷使して本当に申し訳なかった。普通にやれば、絶対に黒田博樹（元広島東洋カープ）のようなピッチャーになれたのに』と。肩を痛めたせいで、アマチュアでも野球を続けることができませんでしたが、監督からの年賀状で僕は救われました。すべてを許せると思いました。『やっと認めてもらえた』という気がします。

僕の将来を考えて無理させないという選択肢もあったのでしょうが、監督は勝ちたかったし、僕もマウンドから降りたくはなかった。あの夏が、監督としては最高の成績でしたから」

高杉はコントロールがよく、変化球を自在に使えるピッチャーだった。二〇一六年に広島東洋カープをリーグ優勝に導いた黒田のピッチングを見て、監督は何かを感じたのだろうか。あまりに遅すぎる懺悔《ざんげ》ではある。

「肩の故障がなくても、本当に黒田みたいになれたかどうかはわかりません。確かに、僕は意外と器用で、バッターが何を待っているかを感じながら投げることができました。味方の得点以下に抑えればいいというタイプのピッチャーだったので、監督はひやひやしながら見ていたはずです。いつも粘り強く投げていて、勝負どころもわかっていました。高校生にしては大人のピッチングをしていたと思います」

配球は自分で決めていた。後輩のキャッチャーはそれに従うだけ。投げたい球を投げて、打たれたら自分のせいだと割り切っていた。

「でも、ときどき監督から『三振を取れ』というサインが出ることがありました。配球はどうでもいいから、とにかく三振を取れと」

技術のある監督が課す練習だからついていけた

その監督は、大学、社会人でも活躍した外野手で、一時期はプロからの指名が噂されたほどの実力の持ち主だった。甲子園で活躍する高校球児から見てもケタ外れの能力を備えていた。

「僕らの監督をしていたころは、もう四〇歳近かったと思いますが、お尻のポケットに手を入れたまま走っても、選手の誰よりも速かった。バッティング練習をすれば全部ホームラン。本当にすごかった。選手みんなが認めざるをえない存在。どんなことを言われても『この人の言うことを聞いていれば間違いない』と思えました。

監督は社会人野球を経験していたので、すごく緻密な野球をしていました。いまのプロ野球と遜色ないくらい。それほど細かい野球を徹底的にやっていたので、高校生相手では負ける気がしませんでした。

コーチは熱血で、とにかく厳しい。技術を指導するというより、行動を監視するタイプ。このふたりの組み合わせがよかったんでしょうね。すごい技術を持っている人が課す練習だからついていくことができたし、たとえ理不尽だと感じても信じることができました」

二〇一三年に学生野球憲章が改正され、教員免許を持たない者でも、一定の研修を受けることで高校野球の監督になれるようになった。

「最近は、プロ野球経験のある指導者が増えてきました。技術的に優れた指導者が多くなれば、もっといい選手が出てくるんじゃないでしょうか。プロ野球経験者が教育としての高校野球をできるかどうかはわかりませんが。少なくとも、暴力的な指導はしないと思います。プロ経験者には人間形成に重きを置いてほしい」

高校野球は単に野球の技術のみを習得するところではない。チームとして戦うことで協調性を養い、人間性を磨く。「心・技・体」のバランスをとることは重要だ。

「プロ野球の世界にいた人は一〇年くらい高校野球をやらないと、わからないと思います。特に、技術がなくてヘタだけど野球が大好きだという選手たちのことが」

レギュラー選手よりも補欠の人数が圧倒的に多いのが高校野球だ。

「僕にも、高校野球の監督になりたいという夢があります。もしなれたら、技術的な部分を追求するよりも、社会で通用する人間を育てたいと思っています。グラウンドのなかだけ立派なのではなく、大学でも、普通の社会人になっても大丈夫な人を」

野球の指導者に問われる人間性

高校時代に対戦したチームの監督で印象に残っているのはPL学園の中村順司だという。

「PL学園まで遠征して練習試合をしたのですが、二試合目が雨で中止になりました。僕たちがバスに乗り込むとき、中村さんは濡れながら、僕たちに傘を差してくれて『おつかれさん』と声をかけてくださいました。日本一の監督なのに、高校生にそんな気遣いをするなんて、すごいと思いました。『こんなに素晴らしい人だから、日本一になれたのだ』と思いました。野球の知識や技術も大事ですが、それ以外のところも大切なのだと、中村さんから学びました」

野球の指導者には、理論も技術もなければならないが、それに人間性が伴わなければ選手はついてこない。

「野球界には指導者の資格はありません。今回、元プロ野球選手が高校野球の指導をできるように、ということで資格回復制度ができました。プロでプレイした人が高校野球の指導に携わるのはいいことだと思いますし、監督やコーチになる人は増えていきます。でも、五年後、一〇年後にどれだけの人が監督として生き残っているかわかりません。高校野球の目的は勝つことだけではないから、難しいでしょうね」

あの夏、肩を酷使しなければ、プロ野球選手になれたかもしれない。高校時代に味わった苦しさ、甲子園での戦い、監督に対してどんな思いを持っているのか。

「甲子園でのあの経験は何ものにも代えられません。一年生で甲子園に出たとき、すり鉢状のあの球場に入って『何これっ？』と思いました。それまで何度もスタンドからグラウンドを見ているのですが、まったく違っていました。あの感覚は忘れられません。三年生の最後の夏に出たときには、特別な感じはありませんでした。県大会で戦った球場と変わりないなと。

選手がミスをするのは、緊張感とプレッシャーのせいでしょうね。甲子園は特別な空間ですから。でも、普段と比べれば、どうってことはありません。甲子園でミスしても、監督は笑っていて、バントを失敗しても怒らない。だから、のびのびプレイできました。

決勝戦では外野でウォーミングアップもするし、バッティング練習もするので、決勝戦だけ雰囲気が違います。五万人もの観客が入っているし。真っさらなマウンドに立って、自分が投げなければ試合は始まりません。もう、それだけですごい快感でした。

肩自体は相当な痛みがあって、満足なボールは投げられませんでした。僕たちは、個人個人はそうでもなかったけど、チームとしてはかなりレベルが高かった。監督の意図をしっかり理解して、戦っていました」

決勝戦は、最後まで投手戦が続き、一点差で敗れた。肩の痛みをこらえながらの完投だった。

「負けはしましたけど、最後までマウンドを譲るつもりはありませんでした。勝っても負けても、最後までマウンドに立っていようと思っていました。試合が終わったとき、スコアボードの自分の名前の横にピッチャーの『1』を残したかった。ライトの9じゃダメです。最後まで投げ切って『1』で終わりたかった」

もし、もう一度高校時代に戻れるとしたならば、どんな選択をするだろうか。厳しい練習と上下関係が待っているとわかっていても同じ野球部を選ぶのか。

「高校を選ぶとき、どうしても甲子園に出たいのか、それともプロ野球で活躍したいのかをよく考えたほうがいいと思います。それによって、進路は変わってくるはずです。

僕は同じ高校ではなくて、違う環境で、あの監督とまた野球をしたい。昔は『一年後にはこうしたい』とか『高校を卒業したらこうなりたい』という話はまともにできませんでした。自分の思いも伝えて、監督の思いも聞きながら野球に打ち込めればと思います。監督は本当に人間的に素晴らしい方でした」

殴ることと厳しさはまったく別のもの

高杉が指導者に求めたのは野球の技術だった。その技術を身につけるためなら、どんな練習でもやる覚悟があった。

そのときに暴力は必要なのだろうか。

「厳しさと暴力はまったく別のもの。暴力で規律や威厳を保とうとする人がいますが、それは間違い。しっかりとした技術を持っている人は暴力に頼る必要はないはずです。

暴力を使わなくても指導はできるでしょう。自分で打って、投げて、捕って、走れる指導者ならば。選手たちを納得させる動きをしてほしい。技術を教えられない指導者は難しいでしょう。

昭和の時代は、選手を殴ってコントロールするという方法が有効だったかもしれませんが、いまは違いますよね。その時代、その時代に合った指導をしなければいけないと思います。素材をどうやって生かすかは監督次第、だから責任重大です。昔は自分の野球の型に全員をはめる指導が多かったと思いますが、『こいつは自由にやらせたほうがいい』とか、『この選手はきっちり教え込んだほうがいい』とか見極めて指導していかないと。もちろん、殴ることはいいことではありませんが、厳しさはあってもいい。

殴ることと厳しさはまったく別のものです。ただ、いまの時代、厳しい言葉を使って精神的に追い込んでも、それを『暴力』だととらえられる恐れがある。受け取る側の選手、その親次第ではなかなか難しいでしょうね。監督に『殺すつもりでやってくれ』という親ばかりだと楽だけど、そんな人はもういないから」

限られた時間で何ができるのか

高校野球の指導者には野球に対する見識、技術、経験が求められる。だが、それらをすべて持っていても、チームの成績はすぐに上がるものではない。

入学から最後の夏の大会までは二年四ヵ月しかない。新チームになってからの時間はわずか一年だ。限られた時間のなかで、やるべきことが多すぎる。監督は選手のレベルを把握しなければならないし、それに見合った指導を行わなければならない。

一九九六年のアトランタオリンピックに日本代表として出場した髙林孝行は、監督をつとめた二年間でその難しさを味わった。

髙林は、立教高校（埼玉、現立教新座高校）三年生の夏に甲子園出場、立教大学では一年春から二塁手としてレギュラーポジションをつかみ、通算一〇一安打を放った。大学卒業後には日本石油（JX－ENEOS）に進み、四年連続で社会人ベストナインを獲得、一九九六年のアトランタオリンピックで一番打者として日本代表の銀メダル獲得に貢献した名選手だった。

母校である立教新座の監督に就任したのが二〇一一年。自身が出場した一九八五年以来の甲子園を目指して指揮をとったものの、最高成績は埼玉県大会ベスト16。短い期間ではチームを強くすることはできなかった。

「最初に驚いたのは、上級生と下級生の違いが、パッと見ただけではわからなかったこと。昔のような上下関係がないのはいいことだけど、上級生でも野球の基本的なことができていなかった。一年生なら一年生、三年生なら三年生ができることのレベルが低いと感じました」

立教高校も一九八〇年代は埼玉県の強豪校のひとつに挙げられていたが、その後は目立った活躍はなかった。受け継がれるべき伝統も野球の型も失われてしまっていた。高林は教員ではなく、自身で古書店を経営しながら、選手の指導に当たっていた。しかし、チームを変えるためには時間が少なすぎた。

「監督が一から十まで教え込むには時間が足りない。私が平日、グラウンドにいる時間は一日三～四時間ほど。週末の練習でチームを変えるのは難しかったですね。私の高校時代には、先輩からいろいろなことを教わり、ある程度、選手たちだけでできていた部分がありました。そのうえで監督の指示を待つという形だったと思う」

髙林は、大学から社会人、さらにはオリンピック日本代表へとステップアップしていった。当然、野球に求める「当たり前」のレベルが高い。未完成の高校生に合わせて指導をしようとしても難しかった部分があったかもしれない。

二年間監督としてチームを指揮して、いら立つことがたくさんあった。それは、技術的な部分ではない。

「選手を殴りたいと思ったことはないけど、腹が立ったことは数え切れないほど。打つ・打たないということではありません。選手が技術的に未熟なことはわかっているので、そこは何とも思いません。

そう感じたのは、プレイのなかで自信のないそぶりが見えたり、相手に対して向かっていく気持ちがないとき。『チャンスを与えているのに、どうして逃げる？』と歯がゆかったことは何度もある。空振り三振しても、それはそれでいい。でも、見逃し三振をしてふにゃ～となってるのを見ると『どうしてバットを振らないんだ？』と思う」

習慣や考え方を変えるには荒療治が必要

髙林と私は立教大学野球部の同期だ。私が雑用や練習の補助ばかりしているときに、上級生に交じってグラウンドを駆け回っていた。もちろん神宮球場でプレイするに足る技術も持っていたが、積極性が一番の持ち味だった。守備でも打撃でも走塁でも、失敗を恐れず果敢に攻めた。そんな現役時代を知るだけに髙林の落胆は理解できる。

「技術がなければ練習すればいい。普段できないことを試合でしてほしいとは、こちらも思わない。うまくないならうまくないでかまわないから、せめて向かっていく姿勢を見せてほしい。ベンチにいて、歯がゆくて仕方ありませんでした」

監督だから、自分たちの実力はわかっている。相手と比較・分析をして選手たちができることのなかで指示を出している……、なのに、手を出さない。

「たとえば、カーブは捨てる。つまり、カーブは見逃し、ストレートだけ狙えと指示しても、カーブを振って三振してくる。『なんでカーブを打った?』と聞くと『打てそうだったので』と言う。『ストレートだけを打て』と言っても、打たない。見逃し三振して、うなだれて帰ってくる。どうしてなのか、最後までわかりませんでした」

監督の指示をスルーして別のボールを狙うつもりは選手にはなかったはずだ。監督の言う通りにしようとしてもできない……。

「選手は『言われてることはわかるけど、できない』と言う。こちらはかみ砕いて選手たちにできるように指示したつもりだけど、それでも足りなかったということ。『カーブは打たなくてもいい』と指示しても、それができないなら、何を教えればいいのかと思いました」

練習でできることが試合ではできない。監督の指示も頭では理解できるが、実行はできない。ほとんどの選手が同じ経験を持っているかもしれない。監督に叱られ、罵声を浴びせられることでパニックに陥り、またミスをする。そして、ミスを恐れて消極的なプレイをしてしまう。

「打てるようにいろいろな指導をしたけれど、いまの選手はボールを見すぎ。小さなころから『じっくり見ろ、見ろ』と言われてることの弊害でしょう。バットを振れない選手が多すぎるように思う。バットを振ることでピッチャーにプレッシャーをかけることができる。バットを振らないと野球は始まらないからね」

幼いころからの習慣や考え方を修正しようとするならば、荒療治が必要だ。かなり時間もかかるだろう。だから、高校野球の指導者には根気がいる。

自分の考えを浸透させるための手段として、暴力的な指導を行う監督もいるだろう。

選手たちを動かすために、厳しい言葉が有効な場合もある。

技術的にも未熟な選手たちを指導するには何より時間が必要だ。

監督と選手との間に信頼感がなくてはならない。

「監督の考え方が浸透しているかどうかは、ウォーミングアップを見ればわかる。最後まで気を抜かないでちゃんと走らないと。簡単なようで、それができていないチームは多いし、そういうところは勝てない。打つ・打たないよりも、当たり前のことをきっちりやること。それが監督の仕事なのかもしれない」

生殺与奪の権限を持つ者はどこでも恐れられる。それが暴力という武器を持った人物なら、なおさらだ。監督に「右を向け」と言われれば向かなければならない。

暴君とも思える監督が選手に慕われるのはなぜなのか。それは深い愛情があるからだろう。愛情表現が乱暴で、一方通行だったとしても。

会社の上司を選べないのと同じように、選手も監督を選べない。意見はなかなかその耳には届かない。選手は運命を監督に託すしかないのか——。いずれにしても監督が重い責任を負っていることだけは間違いない。

第4章　元プロ野球選手が語る「暴力」の功罪

二浪して大学に入った異色のプロ野球選手

一九八九年ドラフト一位でロッテオリオンズ（千葉ロッテマリーンズ）に入団し、プロ野球通算一一七勝を挙げた小宮山悟《さとる》は、二〇〇二年にニューヨーク・メッツで一年間プレイした経験を持つ元メジャーリーガーでもある。

四四歳までマリーンズのユニフォームを着た小宮山は、齋藤隆（元東北楽天イーグルス）に更新されるまで日本プロ野球の最年長セーブ記録を持っていた。

現在、ＮＨＫのメジャーリーグ解説をはじめ、プロ野球解説者として活躍する小宮山は、プロ野球選手としては異色のキャリアを持っている。

芝浦工業大学柏高校の野球部に所属していたが、創立二年目の学校に入学したので、一学年上の先輩しかいなかった。甲子園を目指すような部員はひとりもおらず、授業が終わったあと、二、三時間程度、日暮れまで練習する典型的な高校生の部活動だった。上級生によるしごきも、熱血監督の熱すぎる指導もなかった。

一九八三年、小宮山が高校三年生の夏、甲子園では池田高校の水野雄仁《かつひと》（ドラフト一位で読売ジャイアンツ入団）、中京高校（愛知）の野中徹博（ドラフト一位で阪急ブレーブス入団）、箕島《みのしま》高校（和歌山）の吉井理人《まさと》（ドラフト二位で近鉄バファローズ入団）、興南高校（沖縄）の仲田幸司（ドラフト三位で阪神タイガース入団）らが激闘を繰り広げていたが、千葉県予選で早々と敗退した小宮山は、大学受験に向けて予備校通いを始めていた。

高校時代の野球での実績に乏しい小宮山は、一般受験で早稲田大学入学を目指したがかなわなかった。一九八六年、二年の浪人を経て大学に合格、野球部に入ったときにはもう二〇歳になっていた。

プロ野球、メジャーリーグへと続く野球人生は、早稲田大学野球部に入部してから始まったと言えるだろう。

当時の早稲田大学野球部には、甲子園での実績をひっさげて入部した野球エリートもいれば、小宮山のように大学浪人した苦労人もいた。日本の野球界をリードしてきた名門には厳しい上下関係も規律もあった。そこで、野球界の「洗礼」を受け、小宮山は精神面でも肉体面でも成長していく。

一年春のシーズンにベンチ入り、四年時には投手ながらキャプテンという重責を担った。四年間で、通算二〇勝を挙げるエースになった。

私は同じ一九八六年に入学した東京六大学の同期だが、私のいた立教大学野球部は、小宮山の気迫のこもった投球の前に何度も抑え込まれたものだ。マウンド上でもグラウンドを離れても、小宮山からは他人を寄せつけない殺気が漂っていた。当時は他大学の選手と気軽に会話することなどなかったが、早稲田大学野球部の厳しさは漏れ聞こえてきた。名門野球部で鍛えられたから、それだけの気迫を身につけられたのだろうと想像したものだ。

「野球選手として活躍できたのは早稲田大学野球部の四年間があったから」と言い切る小宮山は、野球における「暴力の功罪」についてどう考えているのだろうか。

新入部員を襲った名門野球部の通過儀礼

小宮山が大学入学を果たしたとき、同い年の選手は三年生になっていた。大学野球部では、年齢よりも学年が重視される。二〇歳になっていても、一年生は一年生だ。野球選手はお互いの実力を知らず知らずのうちに比較する。一八〇センチを超える体格、その身のこなしを見た先輩たちの心は穏やかではなかっただろう。一年の春季リーグ戦のベンチ入りメンバーに選ばれた小宮山が二年生、三年生の〝厳しい指導〟の的になったのは必然だった。

これは、野球名門校では有望選手の誰もが受ける「通過儀礼」とも言える。小宮山は早稲田大学野球部に憧れ、浪人中にその歴史が綴られた書物を読み漁《あさ》ったが、名門野球部の慣習については詳しく書かれているはずがない。新設校で三年間を過ごした小宮山は、野球強豪校で普通に行われる暴力に対する防御法も作法も身につけてはいなかった。

「私がかなり生意気に見えたことは間違いないでしょうね。年齢の問題もあったけど、態度そのものが。『下級生のくせに生意気だ』と映っていたんだろうと思います。同じ一年生のなかで、年上で生意気なヤツがターゲットにされるのは仕方がない。むしろ、『自分が標的になることでほかの選手たちの負担が減るんだったら、それでいい』という感じでした。同期のほかの人たちに迷惑はかけられないと考えていました」

それぞれの野球部には、代々伝わる規則があり、罰則がある。規則の厳格さや懲罰の激しさの程度には違いがあるが、先輩が後輩に対して力を行使するのはどこでも同じだ。是非はともかく、下級生は受け入れる以外に方法はない。

嫌なら部を去るしかないのだが、それは野球をやめることを意味する。野球を続けたければ、神宮球場で早稲田のユニフォームを着たいのならば、先輩に逆らうことなどできない。どんなに理不尽なことであったとしても。

「入部したとき、規則やしきたりについて教育を受けたので、早稲田大学野球部とは『そういうものなのか』と納得はしました。郷に入《い》っては郷に従え、ですね。ただ、頭で理解できても実践できるかどうかはまた別の話。

その教育のなかには、『早稲田大学野球部としてどうあるべきか』というものが含まれていました。大学を卒業したら、その看板を一生背負っていくことになるので、『その看板にふさわしい人間になるために』という目的もあったのでしょう。先輩たちが、いずれリーダーになるべき人間に厳しく指導するという部分もあったかもしれない。『早稲田大学野球部なんだから、ちゃんとしろ』ということ」

殴られたことには感謝できない

しかし、グラウンドだけでなく、それ以外のところでも、常に厳しい規則と罰則があった。正しい指導もあれば、理不尽極まりない懲罰もあった。一年生の春からベンチ入りした選手に対して、先輩たちの目は当然厳しくなる。

「ベンチに入ったことのない人からすれば、何年も一生懸命頑張っている自分ができないことを入学したばかりの人間がしたことに対して『許せない』という感情を持つのは理解できます。それに、私はやられたことに対して『仕方ない』と割り切れたので、いろいろなことをされても何とも思いませんでした。

そうは言っても、その人に対する悪い感情は残りました。行為自体は割り切ることができても、そうした感情は一生消えない。その場は、『理不尽なことをされたけど、仕方がない』と消化しただけで、やられたことを感謝するなんてことは絶対にありません」

当時の体育会野球部に共通することだが、後輩が先輩に対して言葉をかけることは基本的に許されていなかった。極端に言えば、自分が問われたことや命令されたことについて「はい」か「いいえ」で答えるだけ。普通のコミュニケーションなど、どこにもなかった。

「そのとき、先輩の気分が悪かったり、嫌なことがあったりしただけかもしれない。おそらく、八つ当たりみたいなものはたくさんあったでしょう。冷静に考えれば納得できないことだらけで、それは日常茶飯事でした。

当時、その先輩がどんな気持ちだったかは知りません。間接的に『小宮山はオレのこと、許していないよな？』と言っていると聞きます。こちらは水に流すことはないけれど、蒸し返しもしない。学生時代の『仕方がなかったこと』と割り切っています」

心のなかで「いくらでもやれ」と思っていた

それだけシビアな毎日で得たものはあったのか。耐えることで精神面は鍛えられたのだろうか。

「上級生が『黒』と言ったら、白いものでも『黒』と答えなければいけない世界でした。いまでは考えられませんが、三〇年前には本当にそうでした。でも、白は誰が見ても白。どう言いつくろっても白は白です。だから、白を『黒』と言い張っている先輩を見て、私は『かわいそうに、この人』と思って、我慢していただけです。自分が『よかれ』と思ってやっていることを問答無用で否定されれば『クソッ』という気持ちになります。それが表情や態度に出て、さらに当たりが強くなった部分はあるでしょう。若気の至りですね。こちらにも失礼はあったかもしれません。精神面が鍛えられたかどうかはわかりません。おかげで、反骨心みたいなものは芽生えましたが」

上下関係の厳しい部では、誰かが犯したミスのせいで連帯責任を負わされることが

あった。たとえば、たったひとりが部の規則を破ったことで、一年生全員が罰として
グラウンドを走らされたり、平手を喰らったり。当時は、日常茶飯事だった。
「そのあたりは、通過儀礼だととらえていました。全員で罰を受けるのは仕方がない。『あいつのせいで』という思いはありますが、お互いさまではあるので。卒業して何十年も経ったいまでは、笑い話になっています。『おまえが○○さんを怒らせたせいで、何周も走らされたよな』と。
そのときは歯を食いしばっていましたよ。『クソッ、いまに見とけ』と熱くもなりました。でも、ひと通りのことが終わったあとは、ただ飲み込むだけ。普通の人はやられているときに『もう、こんなことをされたくない』と萎縮していたのでしょうが、私は心のなかで『いくらでもやれ』と思っていました。それが表情や態度に出て、先輩を余計に怒らせて同期の連中に迷惑をかけたとしたら申し訳ないと思いますが。いずれにしても、いい思い出、酒の肴《さかな》です」

ちゃんとした人間でなければしつけはできない

大学野球部では、下級生時代（一年生、二年生）にさまざまなストレスにさらされる。常に先輩の顔色をうかがい、連帯責任のリスクを負う。数え切れないほどの雑用があり、そのひとつひとつに細かな規則があり、また懲罰がある。

しかし、ひとたび上級生（三年生、四年生）になれば、そういったものから解放される。グラウンドに活躍の場がある選手は自分の技術を磨くことに専念できる。一方、レギュラー獲得をあきらめた選手のなかには後輩いびりを日課とする者もいる。野放しになった人間を止める者はいない。

活躍の場を見出《みいだ》せない人間がそのフラストレーションを下級生にぶつけることは、大学野球部に限らず、多くの部で見られる現象だろう。「しつけ」という大義を盾に弱い者いじめをする人間はいくらでもいる。

「少なくとも、私の経験上では、『しつけ』と感じたことはありませんでした。その人が本当にしつけの役目を負っているのだとすれば、人間的にきちんとしていなければならない。しかし、私にはそう思えなかった。毎日のようにやり玉にあげられたときには、同じような経験をしている二年生にフォローしてもらいました。よく『我慢しろ』と言われたものです」

愛のムチか、ただの暴力か。その差は大きい。

「その先輩が私たちに『歯を食いしばる方法』を教えてくれたのだとしたら、ありがたい話ですが、けっしてそういう人物ではありませんでした。ちゃんとした人に『おまえ、しっかりしろ！』と言ってやられるのであれば、これは愛のムチ以外の何ものでもないので、『すみませんでした！』と素直に頭を下げることができたのですが。

愛のムチか暴力かという線引きは本当に難しい。その人のことを思って手をあげる人は、正しい人間でなければならない。そうではない人間が自分のストレス発散のためにやっていることは絶対に許すべきではない。チームのことを考えて、その人のことを思って下したことであれば、例外もあるのではないかと思います。

数年前に甲子園出場がかかった秋季大会の試合中、ここで打てば逆転という場面で、今治西高校（愛媛）の監督が選手の顔を張って気合を入れたことが問題になりました。選手がみずから『気合を入れてほしい』とお願いしたところがテレビ中継のカメラに映ったと聞きました。

チームは甲子園に出場できたものの、監督は処分を受け采配を振ることができませんでした。暴力は『ありかなしか』と言えば、もちろん、『なし』です。暴力を使わなければ選手を動かせないというのは、指導力がないということですから。しかし、この場合は、暴力ではないと私は思います」

指導者の仕事は選手の気持ちに火をつけること

「鬼の連蔵」の異名をとった石井連蔵が、早稲田大学野球部の監督に復帰を果たしたのは一九八七年、小宮山が二年生の冬だった。

一九五八年に二五歳で母校の第九代監督に就任した青年監督は、飛田穂洲《とびたすいしゅう》（一八八六～一九六五年、初代監督、学生野球の父と呼ばれ、猛練習を課したことでも知られている）譲りの精神野球で選手たちを指導し、伝説の「早慶六連戦」を制した男。一九六三年の退任後、朝日新聞社で日米大学野球の実現などに尽力していた。この石井監督の指導を受けたことによって、小宮山は大きな飛躍を遂げた。

「石井さんは、『鬼』と呼ばれていました。でも、私たちの監督のときは手をあげることはありませんでした。『昔はノックの雨あられだった』と、かつて教え子だった先輩方に教えてもらいましたが、暴力的な指導をする人ではありませんでした。

石井さんは『弱いチームは練習しないと勝てない』という人だったので、練習量は相当なもの。投手が一日、五〇〇球、六〇〇球を投げ込むのは当たり前。『馬よりも走らなきゃダメだよ』と言われ、とことんまで走らされました。私がプロに入ってすぐに一軍で活躍できたのも、四四歳までマウンドに上がることができたのも、石井さんによって課された練習の賜物《たまもの》だと思います」

最近では、プロの選手やアマチュアの強豪チームの練習方法が公開されることは珍しくない。多くが科学的な根拠に基づいたもので、どれもが合理的に思える。しかし、一見理不尽に思える練習にも意味がある。

「私が思う指導者の仕事は、選手の気持ちに火をつけること。『千本ノック』に代表される猛特訓は技術ではなく、精神面を鍛えるためのもの。捕れそうで捕れないところに打ったり、体力をとことん消耗するまで打ち続けたりすることで、選手に『クソッ』という気持ちを植え付けるのです。へとへとになったところでまだ『クソッ』と思えるかどうかを、指導者は見ているはず。ボロボロの状態でもボールに食らいつく気持ちが大事。勝負を分ける土壇場では、それがなければ力を出せません。

立ち上がれないような状態でも『なにがなんでも捕ってやる』と闘志を出せる選手

がどれだけいるか。それを見極め、育てるために猛練習はあります。そこを潜り抜ければ『この選手は見どころがある』と認められるし、そうでない選手は『所詮、この程度か』と思われて、大事なところでチャンスをもらえない。いわゆる猛練習や特訓は、第三者からはいじめているようにしか見えないかもしれませんが、そういう意味があります」

ユニフォームを泥だらけにして、足をもつれさせながらボールを追いかける姿はけっしてカッコよくはない。体力の限界に近づいた選手の姿は、ともすれば、滑稽に見える。しかし、そうならないとわからないこともある。

「ノッカーと選手との戦い。『おまえはそんなものか？』『まだまだやれる！』というやり取りのなかでしか生まれないものです。科学的に見れば野蛮かもしれないし、技術が上がるわけでもない。それでも、やる意味があると私は思います。

『こいつはどれだけやれるのか？』『大事なところで頼りになるな』という認識・確認の場です。それをチームで共有することで仲間同士の信頼も生まれます。ノッカーにどれだけ厳しい言葉をぶつけられても向かっていくような選手でなければ、本番では頼りになりません。『特訓は合理的ではない』といって、厳しい練習から抜けようとする人間はダメです。練習以外で選手を鍛えることはできませんから」

歯の食いしばり方を知っているかどうか

甲子園では投手に投球制限を課すべきだという声もある。そもそも、炎天下の試合は体によくないという意見もある。昔と同じことをしていたら「虐待」だとか「酷使」だと言われてしまうご時世だ。

しかし、夏の甲子園はこれまでと変わらず八月に開催されるし、限られた大会日程のなかですべての試合を消化しなければならない。そのなかで勝とうと思えば、多少の無理には目をつぶるしかない。そんな現実がある。

「最近は、卒業後にプロ野球で活躍するために、高校時代には無理しないという選手が増えていると聞きます。でも、『今日はもう一〇〇球投げたから交替する』と自分から言う投手に大事なマウンドは任せたくない。投手を酷使すべきではないというのは正論ですが、その選手の状態を見極めながら、投げさせるのか・投げさせないのかを決めるのは指導者の仕事。エースと呼ばれる存在ならば『投げろと言われたところで投げる！』という気概を持っていてほしい」

早稲田大学野球部は長く日本の野球界でリーダー的な役割を負ってきた。幾多の名選手をプロ野球に送り込み、高校野球や社会人野球で活躍する指導者も育成してきた。現在も、数多くの投手がプロ野球の主力として活躍している。

和田毅《つよし》（福岡ソフトバンクホークス）、大石達也（埼玉西武ライオンズ）、福井優也（広島東洋カープ）、斎藤佑樹、有原航平（ともに北海道日本ハムファイターズ）らはみんな、早稲田大学野球部ＯＢだ。

「大学時代にいくらいい成績を残しても、プロ野球でそのまま活躍できるほど甘くはない。チーム状況や本人のコンディションの問題もあるので一概には言えませんが、アマチュア時代にどれだけ自分を鍛えたか、『歯の食いしばり方を知っているかどうか』で、その後が変わってきます。

たとえば、二〇一六年に日本球界に復帰して最多勝利投手のタイトルを獲得した和田は、大学の四年間に泥水を飲むような思いで練習をしていたし、本人も『大学時代に頑張ったから、いまがある』と公言している。じゃあ、同じように早稲田大学野球部で四年間を過ごしたほかの選手たちはどうなんだ？　と思います。

合理的な練習だけでは身につかないものがある。理不尽なことに直面して、歯を食いしばった経験は、その選手の力になるはず。斎藤佑樹はプロでいい成績をあげることができずに苦しんでいますが、和田とは何が違うのか？　当人が一番よくわかっているのではないでしょうか」

もちろん、小宮山は体罰も暴力的な指導も肯定しない。しかし、合理的なものだけでは土壇場で耐える力、逆境を乗り切る力は身につかないと言う。

「能力のある選手がいい指導者に教えられれば、ある程度のところまではいきます。若くして頂点に立つこともタイトルをつかむことも。しかし、その先にもうひと伸びするためには『歯の食いしばり方』を知っていることが大事なのです。せっかく才能を認められてプロの世界に入っても消えてしまう選手には、それが欠けているのかもしれません」

理不尽な練習のなかにヒントがあった

現在、大学野球部には学生コーチが多くいて、トレーニング方法やコンディショニングを学び、選手たちとともに実践している。かつて野球界で当たり前に行われていた時代遅れの練習は姿を消した。選手たちが、肉体面・技術面でレベルアップしているのは間違いない。

「私たちの時代は理不尽なことだらけでした。この練習をしても、どこに効果があるのか不明なものは数限りなくありました。本来ならば、大学の四年間でテクニカルな練習をしなければならなかったのですが、その部分のサポートは望めませんでした。しかし、その分、前段階の部分を徹底的に鍛えることができた。文字通り『死ぬほど練習した』ことが心の拠《よ》りどころになりました。大学時代にしっかり土台を築くことができたから、長くプロ野球で投げられたのでしょう。

恩師の石井監督には『馬よりも走れ』と言われました。『そうならないと試合では勝てない』『投げて覚えなきゃいけないよ』とも。それは狙ったところにボールを投げるためでした。途中でピッチング練習をやめても『その程度で大丈夫なのか』とは言いません。『試合のために準備万端整ったと胸を張って言えるか、それだったらい い』という言い方です。

だから、自分なりに考えて、答えを出しました。もし練習が足りないと思ったら、また投げるしかありません。球数の問題ではなく、大切なのは『自分で納得できる練習ができたかどうか』。明日の試合のことを考えれば、いいかげんな練習ができるはずはありません。あれが指導と言えるのか、疑問は残りますが、私にとっていい経験になりました。

テクニカルな部分については、幸い、意外と器用だったので、情報がない時代でも本なりテレビなりで得たものを自分で試しながら、身につけることができました」

一年生のときに先輩からかなりきつい指導を受けた小宮山は、最上級生になってキャプテンに指名された。

「私がキャプテンになったときには、暴力的なことを一切なくしました。『どうすれば石井監督のリクエストに応えられるか』に集中するために。歴代の先輩方からすれば、ぬるい野球部に見えたかもしれませんが、一本筋は通っていたと思います」

正当な理由と確かな愛情があれば暴力も許される

小宮山は四四歳まで現役を続けたが、同じ一九六五年生まれの同級生のなかにもっと長くユニフォームを着た男がいた。五〇歳まで投げ続けた山本昌だ。その山本が「いまの自分があるのは、星野さんのおかげです」と語っていることは「はじめに」で触れた。

プロ野球選手にとっての鉄拳制裁、暴力的な指導はどういう意味を持つのだろうか。

「殴られた側が感謝しているということは、きっと殴った側は正しいことをしたのでしょう。『なんで、こんなことで殴られるんだ……』と思ったり、『どうして、いつもオレばっかり……』と反感を覚えたりするようなら、その行為はただの暴力です。殴る側に正当な理由があり、確かな愛情がある場合にのみ許されるものだと思います。

星野さんはかなり厳しい指導で知られていましたが、みんなに手をあげていたわけではない。目をかけている選手が取り返しのつかないようなことをした場合だけに、それは行われたのだと思います。いまの世の中では『そんなことをしなくても……』と、みんな思うでしょう。でも、殴られた側が殴った人に『こんなことをさせて申し訳ない』と後悔するようなケースは暴力とは言えないと思います。殴られる理由があって、それを両者が同じ価値観で共有できるのであれば」

本人の成長のためにという場合もあるだろう。その行為を許すと、組織が崩れてしまうということもあるかもしれない。ひとつの行為だけでなく、それまでに積み重なったものもあるはずだ。当事者がどんな思いでいるのかによって、事態は変わってくる。

「野球というスポーツは、チームがひとつにならなければなりません。これは、高校野球でも、プロ野球でも同じこと。同じ空気のなかで、同じ緊張感を持って、同じ気持ちで同じ目標に向かっていかないと勝つことはできない。そういう組織をつくるのが指導者の仕事です。

私が早稲田大学野球部の三年生になったとき、悪い習慣をやめるように同期と申し合わせました。『犬や猫じゃないんだから』と。だが、後輩たちは新入生に対する説教をやめなかった。『オレたちは、おまえたちにそんなことはしなかったのに』と言ったのですが、『とんでもないヤツを、このまま部にいさせるわけにはいかないんです』と彼らは答えました。事情を聞くと、確かにとんでもない話でした。

いま思えば、彼らのしたことは正しかったのかもしれません。『早稲田大学野球部』がどれだけ重たいのか、学生のときにはなかなかわかりません。世の中に出ないと気づかないかもしれない。

集団の和を乱す選手がひとりでも交ざれば、チームの足並みは揃わなくなります。当然、勝てるわけがない。『歯の食いしばり方』を教えるために、手をあげなければいけない場面もあるかもしれない。その選手のことを思えば、それは愛情です。でも、『僕はそこまで目指していません。歯を食いしばろうとも思っていません』と言うのなら、余計なことをする意味がない。

早稲田大学野球部に入部した時点で『全員、同じ方向を向け』と言わなければいけない。『オレはそうしたくない』という人間は部にいる資格がないわけです。だったら、お引き取り願うしかない。とはいえ、暴力的な手段を使ってというのは問題ですが。

甲子園を目指して頑張っている野球部に『甲子園なんかどうでもいい』と言う選手がいてはいけない。そこをどう判別するか、教育するかは大きな問題だと思います」

先輩から受けたさまざまな痛みが小宮山をたくましくした。結果的に「歯の食いしばり方」も覚えた。もし、早稲田大学野球部の四年間がなければ、プロ野球で一一七勝を挙げることも、メジャーリーガーになることもなかっただろう。

その小宮山は指導者の暴力的な指導について、「殴る側に正当な理由があり、確かな愛情がある場合にのみ許されるもの」だと言う。さらには、「それを両者が同じ価値観で共有できるのであれば」という条件もつける。

上級生から下級生への「しつけ」の名を借りた暴力については「本当にしつけの役目を負っているのだとすれば、人間的にきちんとしていなければならない。その人のことを思って手をあげる人は、正しい人間でなければならない」と言う。

この意見をベースに考えた場合、日本の野球界で条件にあてはまる人がどれだけいるだろうか。

正当な理由も愛情もなく、価値観の共有がなされていないのなら、暴力は許されるものではない。

第５章　甲子園常連チームができるまで

「鬼」と呼ばれた監督

春のセンバツ大会は各地区を勝ち抜いた三二校、夏の甲子園には東京二校、北海道二校のほか、四五府県から一校ずつが出場できる。なかには二〇〇近い高校が予選に出場する府県もある。聖地に足を踏み入れることができる確率は限りなく低い。

しかし、それぞれの県には毎年のように（あるいは数年に一度）、甲子園に出場する強豪校が存在する。なぜその高校は厳しい戦いを勝ち抜いて、甲子園に出ることができるのか。「甲子園常連チームのつくり方」があるからだろう。

日大山形高校（山形）と青森山田高校（青森）の監督として、春夏合わせて二二度甲子園に出場し（春四回、夏一八回）、一六勝（春三勝、夏一三勝）した澁谷良弥《しぶやよしや》は、東北の名将として知られている（甲子園出場回数、勝利数ともに全国歴代一〇位）。

二〇一六年七月まで山形商業高校の監督をつとめ、四五年の監督人生に終止符を打った。「鬼の澁谷」と呼ばれ選手たちに恐れられた名監督に、これまでの自身の指導法を振り返りながら、「甲子園常連チームができるまで」について語ってもらう。

二〇一七年二月に古希を迎えた澁谷は、懐かしそうに口を開いた。短髪で落ち着いたたたずまいのため、僧侶の説法を聞いているような気になる。

「私は四五年間、監督をやらせていただきました。昔は選手に手をあげたこともありましたし、蹴っ飛ばしたこともありました。それは私だけではなく、当時の他校の監督さんも同じでした。でも、それは感情に任せてやったわけではありません。最初は言葉で優しく諭し、何度もわかるように言って聞かせて、どうしてもできないときには……ということなんです」

まだ社会がしつけや教育のための暴力を容認した四〇年前も、喜んで手をあげていたわけではない。ものごとには順序がある。奥の手として、「それ」があったのだ。「暴力と言われてしまえば暴力なのかもしれませんが、全部が悪かったのかと言えばどうなのでしょうか。私が手をあげたことで改心して、立派な社会人として人生を送った教え子はたくさんいます。だから、私は『自分がしたことは間違いではなかった』と思っています」

三年生と正面からぶつかり残ったのはふたりだけ

澁谷は日大山形の卒業生だ。高校時代には県予選を勝ち抜いて、一九六三年の夏の全国選手権に出場している（第四五回記念大会で出場校が多かったため、日大山形の試合は甲子園ではなく西宮球場で行われた）。

「私の高校時代は、監督に手をあげられたことはありません。しかし、上級生・下級生の間の上下関係は厳しくて、理不尽なことばかり。打球がイレギュラーしたときには『ちゃんとグラウンド整備をしてないからだ』と言われて殴られたり、ケツバットをされたり。そういう経験があるので、選手たちにはいつも『自分がされて嫌なことはするな』『お世話になってよかったと思われる先輩になれ』と言ったものです。『せっかく好きで高校野球をやっているのに、出場停止になったら大変だぞ』と言い聞かせていました。どれだけ聞いてくれたのかはわかりませんが」

澁谷は日大山形を卒業したあと、日本大学野球部に入った。その後は社会人野球の金指造船に進んだが、すぐに休部。母校の野球部の監督を任されたのは一九七一年、二五歳のときだった。

「本当に恥ずかしい話なんだけど、昔のことだからいいでしょう。日大山形は私の母校ではあるけれど、まあ、ひどかった。部室に入ってゴミ箱を見ると、たばこの吸い殻が溜まっていた。上級生によるしごきもひどくて、小さなことで難癖をつけて後輩をいじめるのがいっぱいいいた。だから、下級生は上級生の顔色ばかり気にしている。まともに野球ができる状態ではなかったですね」

だから、練習後に一年生を先に帰宅させたが、あまり効果はなかった。

「上級生は、さすがに監督の前ではやりません。でも、陰で何をやっているかはわからない。『体育館の裏で待ってろ』みたいなことがあったらしい。練習が終わってから、何かおかしなことをやっているのはわかった。私自身、まだ若くて腕力もあったから、真正面からぶつかりました」

伏見工業高校ラグビー部をモデルに、熱血教師と荒れた高校生の格闘を描いたテレビドラマ『スクール☆ウォーズ』（ＴＢＳ系列）が人気を集めたのは一九八四年から八五年だが、それよりずっと前から澁谷は「泣き虫先生」のようにヤンチャな選手たちと戦っていた。

「あっちから向かってくる子もいて、ぶっ飛ばしたこともありました。自分から部をやめた選手もいたし、私がやめさせた子もいました。監督になってすぐの年は、二〇人いた三年生のうちふたりしか残りませんでした。だから、チームの成績もふるわず、春の大会は一回戦でコールド負け。夏の県予選も一回戦負けでした。でも、そのときになあなあですましていたら、その後の日大山形はなかったでしょう。負けからスタートしたことが逆によかったと思います」

澁谷は選手たちに礼儀を叩き込み、野球人としてのあり方を説いた。その一方で、時間のある限り、とことんまで野球漬けにした。

「いま振り返ると、大事なのはやっぱり最初だと思うんですよね。私が監督になったとき、三年生に好き勝手やらせていたなら、どうなっていたかわかりません。ダメな者を切るという厳しい言い方になりますが、その決断をしたことがよかったのではないでしょうか」

監督がどれだけ気を配っても、すべてをコントロールすることはできない。指導者の目を盗んで、後輩いびりは行われる。体を傷つけられ、心を踏みにじられることで、有望な選手は野球への情熱をなくしていく。だから、「腐ったみかん」は早めに排除しなければならないのだが、それは簡単なことではない。

「はじめのころ、部員は一学年一五人くらい。甲子園でも勝てるようになって、三〇人、五〇人と増えていきました。でも、練習以外の部分まではなかなか目が届かなくて……。いくら『やめろ』と言っても、なかなか厳しい上下関係はなくならない。『もうちょっと我慢してくれたら、いい選手になったのに』という選手がやめていく……。私の力不足でしょうね、選手たちが卒業してから、いろいろな話を聞かされました。『監督さんは知らなかっただろうけど、こんなことがあったんです』と」

勝っても勝っても、この難題はずっと付きまとった。

初のセンバツ出場、山形県勢として初勝利

監督就任一年目、夏の県大会で一回戦負けを喫したあと、澁谷は選手にアメを与えた。

「それまでずっと負け続けだから、選手たちは自信をなくしていました。だから、新チームになってからは勝てそうな相手を選んで練習試合をしました。みっちり練習して、練習試合で勝てるようになると、選手たちに少しずつ自信がついてくるんですね。『おまえたち、強いなあ』と言うと、強豪チームの選手みたいな顔になってくる。秋の県大会で優勝して東北大会に進み、運よく、そこでも優勝。おかげさまで、センバツ大会に出ることができました。

それまで、全国四七都道府県のなかでセンバツ出場がなかったのは山形県の高校だけ。山形県勢として日大山形が初めて春の甲子園に足を踏み入れたのは昭和四八年（一九七三年）のことですね」

初出場の日大山形は初戦で境高校（鳥取）と対戦して五対二で勝ち、歴史的な初勝

利を挙げた。

「それまでは、テレビのクイズ番組で『いままで一度もセンバツ大会に出ていない県はどこでしょう』という問題が出されるほどでした。あの試合はうれしかったですね。二回戦で天理高校（奈良）に一対一二でボロ負けしましたが、甲子園での一勝には大きな意味がありました」

甲子園で確かな手ごたえをつかんだ日大山形の選手たちは夏の山形県大会も制し、再び聖地に戻ってきた。

「一回戦で二年生エースの定岡正二（元読売ジャイアンツ）がいる鹿児島実業（鹿児島）と対戦し、二対一で勝ちました。春と夏に挙げた勝利が、日大山形というチームのはじまりですね。

あのときに甲子園に行って、その素晴らしさを選手たちが実際に感じたことが大きかった。グラウンドに立った者も、スタンドから試合を観た者もいますが、それによってチームは変わりました。『甲子園は素晴らしいとこだべ』『またオレらも行きたいな』『みんなで一緒に行こうぜ』となりました。また、そこで勝ったことで、優秀な選手がたくさん来てくれるようになりました」

朝から晩まで一〇時間の練習

監督就任からたった一年での甲子園出場は、他人からは順風満帆に見える。しかし、澁谷にとっては苦難の日々だった。

「私も、苦労といいますか、大変な思いはたくさんしました。そのころはチームにコーチなんていなくて、監督が全部やりました。バッティングピッチャーをやって、シートバッティングでも投げて、キャッチャーもやりました。ノックは、一日八〇〇本くらいは打ったでしょうね。当時の野球部長は教頭だったのでグラウンドに来ることはありません。ひとり何役もやったものです。まだ若かったし、投げることも打つことも選手よりできましたから」

いまの強豪校では分業制が進んでいて、コーチが複数いるのが当たり前。監督の役割は昔とはずいぶん変わってきている。しかし、澁谷が監督になったばかりのころは、ひとりで選手全員を見なければならなかった。

「週末や夏休みには、朝から晩まで一〇時間以上、練習をしました。選手がぶっ倒れるたびに救急車を呼ぶので、消防署から叱られたくらい。いまの基準からすれば、やりすぎだったかもしれません。午前中はランニングとキャッチボールとトスバッティングの繰り返し。とにかく基本が大事だと考えていました」

単調な基本練習の繰り返しにゲーム的な面白さはない。なかには練習に倦《う》み、部をやめる者もいた。

「それはそれで、仕方がないこと。基本練習をしないで勝てるようになるとは、私は思っていませんでしたから。午後になってから、ようやくシートノック。守備を重視していましたので、ノックを二時間ぐらいやりました。私は日本大学を卒業したあとに入った金指造船でピッチャーをしていたんですが、すぐに肩を壊して、二年目からはコーチ兼マネージャーみたいなことをやらせてもらいました。ノックを打ってもヘタだから、年上の選手は捕ってくれない。だから、ノックの練習をして、捕れそうで捕れないところに打つ方法を身につけました。それがのちのち、高校野球の指導者になって生きるんです。金指造船時代の望月教治監督に『野球はバントとキャッチボール。それをきちっとやれば勝てるよ』と教えていただき、その教えをしっかりと守りました」

選手のため、チームのための暴力的な指導

選手たちはいつも監督を見ている。どれほどの情熱で選手に接しているのか、どれだけのものを求めるのか、そして、どこで妥協するのか。

「指導者はなめられてはいけません。私はまだ若かったので、実際にプレイをしてみせることで『監督はすごい。かなわない』と思わせるようにしていました」

監督の目は当然、中心選手に向けられる。柱になる選手がしっかり育たなければチームが飛躍することはない。ときには、期待が暴力的な指導に姿を変えることもあった。

「どこのチームを見ても、監督にやられるのはキャプテンや主力選手。中心になる選手を叱れば、チームはピリッとします。その選手に自覚が生まれればもっと伸びる。そういう相乗効果を狙ったことはありました。作戦として、大会の数日前にキャプテンに厳しく当たることも、ね。『オレたちのためにキャプテンがやられる』と思えば、選手たちも必死になります。そういう計算をする監督は多かったのではないでし

ようか」

選手にはそれぞれ性格がある。キャプテンや主力選手のなかには、負けん気の強い選手もいれば、どんなときでも表情を変えないおとなしい子もいる。

「性格は人それぞれです。だから、指導の仕方は変えるようにしていました。選手たちの前でとことんやったほうがいい選手もいれば、別室に呼んでふたりきりで話をしたほうがいい選手もいる。

自分でうまいと思っている選手は『ちょっと本気を出せばうまくやれる』と野球をなめたようなプレイをすることがあります。『オレがいないと、このチームはダメだ』と思いあがった選手もいます。そういう選手を特別扱いして甘やかすと、チームにとっていいことはない。だから、ガツンとやることはありました。なかには、『どこまでやれば監督が怒るか』を試すような者もいました。ここで手をあげなきゃしめしがつかないということはよくあって……。

強豪校の監督さんは練習試合でタイムをとってまで選手をバンバンやっていましたよ。そのなかにはその後プロ野球で活躍した選手もいるし、メジャーリーグに行った選手もいました。監督にビシビシやられても、萎縮することなく、プレイを続けるのはすごいと思いましたよ。どの監督さんもチームのため、その選手のためを思ってのことでした」

監督の暴力的な指導は劇薬だ。選手を覚醒させることもあれば、自信を喪失させることもある。使い方を誤れば、取り返しのつかない事態も招く。

体格や技術が向上するのと反比例するように、選手に精神的なたくましさがなくなってきたと指摘する声も多い。

「選手の性格を把握しないとダメですね。ビクビクしていいプレイができなくなる子もいました。『イップス』という言葉が野球でも使われるようになったのは、いつごろでしょうか。一九九〇年くらいからかな。送球するのが怖くなって、セカンドまですごい送球をするキャッチャーがピッチャーにはふんわりとしか返せない。あとで考えると『あいつ、イップスだったんだな』と思ったこともありました」

単純に叱りつければいいという時代はとうに過ぎた。

監督生活四五年で指導方法はどう変わったか

二五歳で監督に就任した当時は、若さに任せて選手と正面からぶつかった澁谷だが、選手の気質の変化に合わせて指導方法を変えていった。

「監督になって最初の五年、一〇年は『どうしてオレが怒ってるかわかるか』とか『こういう理由で手をあげたんだぞ』と言わなくても、選手がわかってくれた。三五歳ごろには、『おまえの悪いところはここだぞ』とか『こういう部分を直さないとな』と先に言うようになりました。

はじめの一〇年は若かった分、選手への気遣いが足りなかったと思います。自分の思いが強すぎたのかもしれない。どういう言葉を使えばいいかまでは気が回らなかった。やはり、未熟だったんでしょう。そういうことが少しわかってきたのは、四〇歳を過ぎたころでしょうか」

教え子のなかで澁谷の印象に残っているのが、広島東洋カープの四番打者として活躍した栗原健太だ。一九八二年生まれの栗原は一九九九年ドラフト会議で広島から三位指名を受けた。プロでは一〇八二安打、一五三本塁打という成績を残し、ベストナイン一回、ゴールデングラブ賞を三回受賞した。二〇一六年限りで現役引退、現在は東北楽天ゴールデンイーグルスで二軍打撃コーチをつとめている。

「栗原には一年生の秋から四番を打たせましたが、一時期、天狗になっているように見えた時期がありました。『なんで自分だけ練習がきついんだ』とか、ここが痛い、あそこが痛いと言ってグズグズしているから、『じゃあ、いいよ、もう練習しなくても』と言って、一週間くらい何もやらせなかったんです。しばらくすると『すみませんでした』と頭を下げにきました」

昔の澁谷だったら、思わず手を出していたかもしれない。しかし、練習メンバーから外して、自分から反省するように仕向けた。

「本人に『練習できないのはつらいべ？』という話をしました。それからでしょうか、栗原の練習に対する取り組み方が変わったのは」

目標は「三年に一回は甲子園に出る」

一九七三年の春と夏に甲子園に出場し、初戦突破を果たした日大山形は東北でも有数の強豪校へと成長していく。

「監督になったとき、私は目標を立てました。その生徒が在学中に一度は甲子園に出るということ。三年に一回は出たいと思いました。グラウンドなのか、スタンドなのかはその選手の実力にもよりますが、高校時代に一度は甲子園に行かせてやりたいと考えました。

私は三〇年間、日大山形で監督をやりました。一九八五年からの三年は甲子園に行けませんでした。あのころが、監督をやっていて一番つらい時代。『もう二度と甲子園に行けないんじゃないか』とさえ思いました。そのころの選手には申し訳ないという気持ちがいまでもあります」

一九八五年は、山形県の野球関係者にとっても、澁谷にとっても衝撃的な事件が起こった年だ。その夏の甲子園で、山形県代表の東海大山形高校が七対二九という大差で、桑田真澄・清原和博を擁するPL学園に敗れた。「なぜ山形県勢は弱いのか」と議会でも取り上げられるなど、社会的にも大きな話題になった。

「一九八二年に初めて東海大山形が甲子園に行きました。それまでは県外から越境してくるような選手はほとんどいませんでした。あのころ、東海大山形は八割方が県外出身者でした。鶴商学園（現鶴岡東）や酒田南高校にも大勢いました。しかし、日大山形には寮がないから、基本的には県内の選手ばかり。そういうこともあって、地元の方に熱心に応援してもらいました。

一九八五年の山形県大会決勝で日大山形は東海大山形に敗れました。甲子園に出た東海大山形がPL学園にあれだけやられたことで、山形県の野球も大きく変わりました」

七対二九の衝撃

澁谷は山形県の指導者を代表して、東海大山形の野球部長らと野球の盛んな地域に視察に行った。報徳学園（兵庫）、高知高校、明徳義塾、土佐高校（いずれも高知）

……そこで彼我の違いを見せつけられた。

「ピッチャーはもちろん、野手のパワーとスピードが全然違った。そのころの山形は、ウエイトトレーニングなどトレーニングの面が遅れていましたので、それを積極的に取り入れました。レギュラー以外のBチーム同士の練習試合を組んだり、一年生だけの大会を行うようになったのもそれからです。一年生にボール拾いだけではなくて、ちゃんと試合の機会を与えることにしたのです。試合があれば、練習の方法も変わります。そのあたりから、山形の野球に変化が見えてきました」

雪の多い山形では、一二月から三月まで、グラウンドを使って練習することは難しい。その期間を有効活用することになった。

「それまで、冬の練習は遊びみたいなものだった。そもそも室内練習場を持っている高校はほとんどなかったですから。でも、PL学園にあれだけのパワーとスピードを見せつけられ、負けないようにウエイトトレーニングを始めました。やっと、山形の野球関係者と選手たちが本気になって取り組むようになりました」

スピードとパワーの源となる強い肉体をつくり、一年生のうちから実戦経験を積む。そうして少しずつレベルアップしていったのだ。一九八七年夏には東海大山形が甲子園で三回戦に進出、一九九二年、一九九三年には日大山形も三回戦まで進んだ。

「私はよく選手たちに『冬を制する者が夏を制する』と言ったものです。山形の選手には、一年四ヵ月のうち、外で練習できない期間が八ヵ月もある。ここでどんな練習をするかで差がつきます。冬に頑張った成果が、そのあとにはっきりと出てくる。『あそこが痛い、ここが痛い』と言って冬場の練習に打ち込まなかったヤツは夏もダメ。山形だけではなくて、東北も北海道もそうだと思います。雪国にとって、冬場の過ごし方が本当に大切です」

青森山田で知った「留学生」の覚悟と意識の高さ

澁谷は二〇〇一年夏に日大山形をやめ、二〇〇二年度から青森山田の監督になった。同じ私立の強豪校でも、かなり勝手が違っていた。

「日大山形は県内の選手が中心でしたが、青森山田では関西をはじめ県外からくる子が多かった。ほとんどの選手が寮生活で、ウエイトトレーニングの施設も充実している。練習する環境としては申し分ない」

青森山田には特進コース、吹奏楽・美術・演劇コース、文化教養コース、スポーツコースがあり、野球部員はスポーツコースに属している。

「スポーツコースは一四時くらいから練習することができます。全体練習は一六時くらいで終わりにして、個人練習の時間を長くとりました。寮があることのよしあしはありますが、いくらでも練習できることはありがたい。だから、自覚を持って練習をする選手はぐんぐん伸びます。

昔はこちらが毎日追い込んで練習をさせていましたが、最後のほうは期間を限定するようにしました。五月に二回、六月に一回というように。早朝の五時くらいから練習をさせたこともあります。期間を決めないとバテる子もケガをする選手も出てしまいます。最近は、メリハリをつけないと長く続きません」

親元を離れて野球に打ち込む覚悟

甲子園出場を目指し、野球で名を上げようとする選手たちの競争は熾烈だ。

「青森山田の選手たちの多くは、覚悟を持っていました。野球をするために親元を離れ、青森まで来た子どもたちに、私はよくこう言ったものです。『一五、一六歳で親元を離れて野球するなんてすごいな。オレは大学で初めて山形から出て東京に行ったけど、心細くて、毎日、帰りたくて帰りたくて、布団のなかで泣いてたもんだよ』と。

猛練習をすることによって、根性がつくということも多少はあるんでしょうけど、家庭環境とか育てられ方が大きいんじゃないでしょうか。本人の自覚、覚悟、意識の持ち方はものすごく大事ですよね」

自身の野球人生をかけて青森に乗り込んできた選手たちは自分にも他人にも厳しかった。他人のミスを黙って見過ごすことはない。

「エラーをしたり、バントを失敗したり、野球にミスは付きものです。でも、防げるはずのミスをしたときには、選手同士で言い合う。『しっかりやれ』と言葉にできる厳しさがあった。監督から一方的に叱られるのではなく、やっぱり選手同士で指摘し合えるほうがいい。『チームとして厳しい風を送らないとダメだよ』と、よく選手たちには言っていました」

レベルの高い強豪同士の対戦では、ひとつのミスが勝敗を分ける。本当に勝ちたければ失敗は許されない。

「だから、バントを失敗した選手はずっとバント練習をする。守備でエラーをしたら、ノックを受ける。そういうことが自然とできていました。仕方のないミスもありますが、注意すれば防げるものがほとんど。選手同士がお互いを刺激することで、チーム全体としてのミスは減っていきますから」

グラウンドより寮生活に気を使う

充実した設備が用意され、好きなだけ練習に打ち込めるという利点がある一方で、寮生活にはある種の危うさが付きまとう。選手たちの生活面の指導はいつも悩みの種だった。

「日大山形のときには寮がなかったし、練習後に悪いことをする選手もいなかった。でも、青森山田にはヤンチャな子もたくさんいて、グラウンド以外のところでも目を光らせなければいけなかったですね。監督の目の前ではみんないい子、でも裏ではどうかわからない……だから、授業中も部長と一緒に校内を巡回していました。

一〇〇人近く寮にいると、どうしても問題が出てきます。若い男同士だからちょっとしたもめ事がおおごとになることもあります。全部を押さえつけるわけにもいかない。グラウンドよりも寮生活のほうが気を使いました。練習しているときが一番楽だったですね」

どれだけ野球の腕に自信があっても、選手たちは不安になることもある。悩みを聞いてやることも監督の仕事だった。

「二〇一六年ドラフト会議で中日ドラゴンズに二位指名された京田陽太（日本大学）も私の教え子ですが、一度『やめたいです』と言ってきたことがありました。きっと、相当つらいことがあったのでしょう。アイスクリームを食べながらじっくり話をしました。この春のキャンプで会ったときに『あのときのことを覚えてるか』と聞いたら『覚えています』と言っていましたね。もしあそこで野球部をやめていたら、いまの彼はありません。

選手の悩みもずいぶん聞きました。六〇歳を過ぎて、聞く耳を持っていたからよかったのかなと思います」

監督生活で一番悔しい敗戦

青森山田では、監督在任一〇年で甲子園出場は七度、通算七勝を挙げた。澁谷にとって一番悔しい敗戦は二〇〇六年の駒大苫小牧（北海道）との試合だった。田中将大と早稲田実業（東京）の斎藤佑樹が決勝で投げ合ったあの夏のことだ。

「山形県勢として初勝利を挙げた試合も印象深いのですが、思い出すのは駒大苫小牧との一戦ですね。あの田中将大のいた駒大苫小牧と互角以上に戦えたということもありますが、最後に逆転されたことが本当に悔しかった」

青森県大会を制した青森山田は二回戦から登場し、延岡学園（宮崎）を七対〇で下した。三回戦で対戦したのは夏の大会三連覇を目指す駒大苫小牧だった。

「実は、控えにいいピッチャーがいたのですが、六月ごろに規律違反をしたことでメンバーから外しました。違反自体は重大なことではなかったのでコーチに『戦力として必要』と言われましたが、私はどうしても許すことができなかった。もしそのピッチャーがいたら、あの試合を落とすことはなかったかもしれません」

駒大苫小牧のエース・田中はベンチスタート。先発した岡田雅寛に青森山田打線が襲いかかり、四回までに七対二と大量リードを奪った。ところが、中盤から追い上げられ八回終了時点で八対八。リリーフでマウンドに上がった田中から九回表に一点を奪ったものの、九回裏にサヨナラ負けを喫してしまった。乱打戦を制した駒大苫小牧はこのあと、決勝まで駒を進めた。

「エースの野田雄大は九回まで投げ切りました。抑えを任せられるピッチャーがいればと思いましたが、控え投手をメンバーから外す決断をしたのは私です。そのことに後悔はありません。でも、もしうちが勝っていたら、決勝で駒大苫小牧と早実の決勝は実現しなかったんだねえ……。歴史が変わっていたかもしれない。監督として二三回も甲子園に出させてもらって、三九試合したなかであの試合が一番悔しい。

田中くんは体調が悪くて本調子ではなかったけど、あとで選手に聞いてみると『スライダーは消えました……』と言う。『消えるボールなんかないだろう』と笑ったのですが、それくらいすごかった」

この夏の甲子園で、田中将大は決勝で敗れた。優勝投手になった斎藤は七試合六九イニングをひとりで投げ切った。

「エースが連投することは、高校野球だから仕方がないかなと思う。将来のある選手に無理はさせたくない。でも、やっぱり勝ちたいしね。『いいピッチャーが複数いないと勝てない』と簡単に言う人がいるけど、そんなに揃うはずがない。私立の強豪校ならまだしも、公立校では難しい。私は最後の五年間、市立山形商業の監督をやらせていただきましたが、公立高校では強化合宿もできない。簿記検定や珠算検定の試験の関係で、練習試合でベストメンバーが組めないこともありました。

いいピッチャーが何人かいれば連投は避けられるかもしれないけど、なかなかそうはならない。だから、いいピッチャーに頼らざるをえないし、『投げられるだけ投げてくれ』となってしまう」

監督生活四五年、澁谷の教え子は一〇〇〇人を超える。栗原健太のようにプロ野球で輝かしい成績を残した選手もいるが、ほとんどはひっそりと野球人生を終えた。甲子園の土を踏むことができた選手もいれば、県大会で涙を飲んだ者もいる。レギュラーとしてプレイできた選手も、最後まで背番号をもらえなかった者も。

「中学生の練習を見るときに、私はユニフォームの着方をチェックしました。きちんと帽子をかぶっているか、ボタンを留めているか、腰のところでベルトを締めているか。そのあたりがだらしない子はダメ。

私には一〇〇〇人もの教え子がいますが、みんなが宝です。進学や就職のときには、補欠だった子から先に決めようと思っていました。レギュラーはいい成績を残せばどこからか声がかかりますが、控えの子はそうじゃありませんから。

大学で野球を続ける子には『四年間、最後までやれよ』と言います。途中でやめたら後輩に迷惑がかかります。レギュラーになれるかどうかよりも、最後までやり切ることが大切なのです。どんなに大変なことがあるかもわかりませんが、それだけは口をすっぱくして言ってきました」

澁谷は二〇一七年三月限りで山形市のスポーツアドバイザーを退任したが、これからも野球の指導を続けていくつもりだ。

「確かに技術は上がりましたが、昔と比べると、ハングリー精神が足りない選手が多いような気がします。みんな、『甲子園に行きたい』と口にするけど、どれだけ本気なのか。どこの高校の選手でも甲子園には行きたい。でも甲子園は、『行きたい』と言うだけで行けるところではありません。『絶対に行く！』という強い気持ちを持たないと。

最近の子どもたちについて気になることは、野球に取り組む姿勢です。ファウルボールが飛んでも、誰も拾いにいこうとしない。幼いころから、親がなんでもかんでもやってくれるからでしょうか。少年野球で、試合後のグラウンド整備を親がしているのを見たこともあります。ちょっと待ってほしい。子どもたちにやらせて、できないところを親が補うのが普通ではないかな？　親にすべてをおぜん立てしてもらっているようでは、いい野球選手にはなれません。そういうところは心配ですね」

澁谷が甲子園常連校をつくるまでには、さまざまな「もし」があった。

もし、監督に就任してすぐに三年生とぶつかることなく、妥協してしまっていたら……。

もし、すぐに甲子園に出ることができなかったら……。

もし、愛情もないのに選手に手をあげていたら……。

もし、自分勝手な振る舞いをする選手を見逃してしまったら……。

きっと、「三年に一回は甲子園に出るチーム」はつくれなかったはずだ。

ときには、選手に痛みを与えたかもしれない。ときには、理不尽な練習を課したかもしれない。だが、それを誰が責めることができるだろう。

勝つことだけがすべてではないが、甲子園によって報われることがある。そして、甲子園を目指した日々が一〇〇〇人の教え子を育てた。

「暴力は絶対にいけない」

こう口にするのは簡単だが、正論だけで勝利をつかめないことを澁谷の成績が証明している。

「山陰のピカソ」の教育哲学

二〇一〇年の春のセンバツで二一世紀枠の高校に敗れ、「末代までの恥。腹を切りたい」と発言して物議をかもし、監督辞任に追い込まれたのが開星高校（島根）の野々村直通だ。

高校で美術を教えていることから「山陰のピカソ」の異名をとる名物教師にして、甲子園に春夏合わせて八回（春二回、夏六回）も出場した名監督。梶谷《かじたに》隆幸（横浜DeNAベイスターズ）や糸原健斗（阪神タイガース）などを育てた名伯楽でもある。

二〇一二年に教員を定年退職した際に監督も引退し、現在は教育評論家として講演活動などを行っている。

暴力的な指導に否定的な指導者が多いなかで、野々村は「体罰は必要だ」と言い切る数少ない元監督だ。ほかの指導者が思っていても口にできない本音を語っているのかもしれない。彼は『強育論――悩める大人たちに告ぐ！「いじめの芽を摘む」特効薬』（講談社）でこう書いている。

体罰という言葉は教育の範疇《はんちゅう》に入る用語である。本来、体罰は教育現場で教師に与えられている懲戒権の中の一つであって、あくまでも生徒を立派に育て上げ、社会に通用する人間にするための手段なのである。決して暴力や傷害という意味と同列に扱ってはならない。私は「体罰」とは呼ばずに「肉体の接触による愛の励まし」と呼んでいる（笑）。

何人かの教え子の更生例を挙げて、こう続けている。

私は体罰も含めた「力」は正義であると思っている。想像を絶する底辺校では、時に憎しみを伴った〝力〟を行使せざるをえないときがある。

上級生の暴力を絶対に認めない理由

現在の教育現場からすれば過激に思える教育哲学を持つ野々村だが、生徒同士の暴力、上級生によるしごきは絶対に許さなかったという。

正しい「理屈」があっても殴ってはダメ。たとえ「殴られたほうが悪くても、殴ったほうをクビにする（退部させる）」と言い続けてきた。

それはなぜか。

なぜ教師の体罰はよくて生徒同士で殴ってはいけないのか、それは責任の違いである。教師は責任を持っているが、生徒にはない。そうなると、生徒間では歯止めが利かずエスカレートする。最後にはいじめになってしまう。とにかくいじめだけはいけない。

いじめをやめさせるためには、「力」しかないと野々村は言う。

そもそもいじめているヤツは力で弱い者をいじめる。つまり力で気持ちよくなっている。「力で人生を渡っていける」と勘違いしているヤツには、もっとすごい力を示してやめさせるしかない。

四〇年近く教職につき、開星を甲子園常連校に育てた野々村の言葉には説得力がある。

しかし、力を抑え込むためにはもっと大きな力が必要になる。どこまでいっても終わりがない。

暴力は連鎖する——本書の取材で何十人もの野球経験者の話を聞いたが、暴力的な指導を行う指導者のほとんどが選手時代に暴力の洗礼を受けている。それがゆえに暴力反対の立場をとる者もいるものの、暴力の効能を忘れられない指導者も少なからずいる。だから、いまだに野球の現場から暴力が離れていかないのだ。

百歩譲って、これまでは仕方がなかったとしよう。「必要悪」とも言えるものだったかもしれない。しかし、これをいつまで続ければいいのだろうか。

暴力という手段を使わないでチームを強くする方法はないのか。

指導者による暴力的な指導も、上級生・下級生の厳しすぎる上下関係もない野球界をつくることはできないのだろうか。

第6章　ラテンアメリカから見た日本野球

甲子園⇓神宮⇓プロ野球

日本のプロ野球に選手として入団するためには、毎年秋に開催されるドラフト会議（新人選手選択会議）で指名されなければならない。いままでプロを経験せずにアメリカに渡り、メジャーリーガーになった日本人選手が三人いるが、マック鈴木と多田野数人《かずひと》はその後ドラフト指名を受けて日本でプレイした（マックは二〇〇二年ドラフト二巡目でオリックス・ブルーウェーブ入団。多田野は二〇〇七年自由獲得枠で北海道日本ハムファイターズ入団）。

ドラフト会議で指名されるためには、甲子園で活躍することと、毎年のようにプロ野球選手を送り出す強豪チームに入るのが近道だ。近年は地方リーグに所属する大学野球部から数多くのプロ野球選手が生まれてはいるものの、甲子園から東京六大学、東都、首都大学リーグなどの強豪大学、都市対抗や日本選手権で優勝を争う社会人チームに進むという流れが依然として主流である。

たとえば、早稲田大学野球部の選手は、二〇〇一年から二〇〇六年まで、六年連続でドラフト一位指名を受けたし（自由獲得枠を含む）、二〇一〇年には三人のドラフト一位選手（斎藤佑樹、大石達也、福井優也）が誕生した。最近では、明治大学野球部から多くのドラフト一位選手が輩出している（二〇一四年：山崎福也《やまさきさちや》、二〇一五年：高山俊、上原健太、二〇一六年：柳裕也）。

彼らのほとんどは、甲子園出場経験があり、神宮球場を沸かせた選手だ。時代は変わっても、甲子園⇒神宮球場が野球選手のエリートコースであることは間違いない。

もしプロ野球選手になれなくても、強豪大学から社会人野球に進むこともできるし、野球を離れる場合でも就職で有利になる。

現在、ドミニカ共和国などで学んだ野球指導法を日本の指導者に伝えている阪長友《さかながとも》仁《ひと》も、エリートコースを歩んだひとりだ。

一九八一年、大阪府に生まれた阪長は、親元から離れて入学した新潟明訓高校で一九九九年夏に甲子園出場を果たしたあと、立教大学に進み、四年時にはキャプテンをつとめた。

一日三時間の練習で甲子園に出場

大阪出身で甲子園球児と聞くと、少年時代から勉強はそっちのけで野球漬けの毎日を送ってきたと想像してしまうが、阪長はそうではなかった。チームメイトには県外の野球強豪校に進んだ者もいたものの、チームは弱かった。阪長がいろいろな情報をたどっていくうちに巡り合ったのが新潟県にある私立高校、新潟明訓高校だった。

「学校関係者に『うちには野球推薦はないよ』と言われ、新潟明訓に行くことに決めました。選手を集めて甲子園だけを目指すという学校ではなく、勉強もできるところがいいと思ったからです。僕は新潟県外から来た初めての選手でした。それも、スカウトされたわけではなく、自分から勝手に行きましたから」

新潟明訓は一九九一年夏に甲子園初出場。二年後の一九九三年夏には甲子園初勝利をあげた。阪長が入部した野球部には、強豪校にありがちないじめや高圧的な指導はなかった。

「監督さんがそういったことを絶対にしない方で、選手のことを大事にしてくれました。最後の夏の大会前、ずっと試合に出ていた同級生が一年生にレギュラーを奪われそうになったのですが、そのとき彼は後輩にポジショニングをアドバイスしていました。『左バッターのときはもっとライン際を守ったほうがいい』とか『ツーアウト二塁ならここまで前に出ろ』とか。そういう姿を見て、『これは、勝つな』と思いました。どれだけ頑張っても、勝負はときの運。でも、もしこんなチームなら負けてもいいと思えたのです」

新潟明訓は新潟県大会を勝ち抜き、甲子園に出場。宇和島東高校（愛媛）に勝利した一回戦で、阪長はホームランも放った。

「夏休みを除けば、練習時間は長くありませんでした。七時間目の授業を終えて、三〇分くらいかけて練習場に移動して一九時か二〇時には解散。毎日の練習は三時間くらいだったでしょうか。

勝負にはいろいろな巡り合わせもありますから、どれだけ能力のある人がいくら頑張っても、甲子園に行けるとは限りません。『甲子園に出てるなんてすごいね』という話になったときには『僕、じゃんけんで勝ったんですよ』と答えます。本当にそんなものだと思っています。『その運はありました』と自信を持って言えます」

全国に野球部のある高校は四〇〇〇校以上あるが、夏の甲子園に出場できるのはわずか四九校だけ。確率を計算すると、一パーセント強だ。二〇〇校近くが予選を戦う愛知県、神奈川県や大阪府なら出場できる確率は〇・五パーセントほどになる。

それでも選手や監督は、甲子園だけを目指して練習に明け暮れる。甲子園に出られさえすればそこで野球人生が終わってもいいと思っている人が数え切れないほどいる。高校野球に魅せられた男たちを誰も否定することはできない。

ラテンアメリカには暴力的な指導も上下関係もない

数多くいる甲子園経験者のなかでも、阪長は一風変わっている。

大学卒業後に就職したＪＴＢを退社してから、スリランカ、タイの野球ナショナルチームのコーチ、ガーナではナショナルチームの監督をつとめた。その後、青年海外協力隊野球隊員としてコロンビアで、ＪＩＣＡ企画調査員としてグアテマラで勤務した。

現在は、ドミニカ共和国の野球指導法の調査・研究をしながら、プロ野球選手のサポート業務などを行っている。侍ジャパンの四番打者に成長した筒香嘉智《つつごうよしとも》がドミニカのウインターリーグに参加した際には、現地コーディネーターもつとめた。

野球エリートでありながらも、違った視点で日本球界を見ている数少ないひとりだ。

彼が野球指導法の調査・研究を行っているドミニカ共和国はメジャーリーガーが多数輩出している国。メジャー通算六〇九本塁打を放ったサミー・ソーサ（元シカゴ・カブス）、五五五本塁打のマニー・ラミレス、五四一本塁打のデービッド・オルティス、投手では二一九勝を挙げたペドロ・マルチネス（いずれも元ボストン・レッドソックス）、四一歳で二〇〇勝投手になったバートロ・コロン（現アトランタ・ブレーブス）などメジャーの歴史に名を連ねる名選手ばかり。人口は一〇〇〇万人ほどだが、二〇一六年にはメジャーリーグで一四九人がプレイしていた。出身国別では、アメリカに次いで第二位の数字だ。

二〇一三年に開催された第三回WBCでは、ロビンソン・カノ（現シアトル・マリナーズ）、ホセ・レイエス（現ニューヨーク・メッツ）の活躍で世界一に上りつめた。ラテンアメリカの野球に精通する阪長の目に日本の高校野球、プロ野球はどのように映っているのだろうか。

「指導者を主体とする指導と厳しすぎる上下関係が日本の野球の問題点だと思います。ラテンアメリカの野球では、どちらも限りなくゼロに近い。宗教上の理由、社会のモラルも影響していますが、野球選手の育成システムが日本とは違うから。なぜ彼らは野球を始めるのか。もちろん、野球が好きだからです。そして彼らの最終目標はメジャーリーグでプレイすること。二五歳になったとき、メジャーリーガーになっていたいと誰もが考えています。

ドミニカ各地にメジャーリーグ球団がつくったアカデミーがあり、一六歳から一八歳の選手たちがそこで育成されます。その前の年代の子たちは『ブスコン』と呼ばれる指導者（または代理人）が教えています。彼らは自前でチームをつくり選手を何人も抱え、無償で指導に当たり、選手が育ってアカデミーと契約してもらえれば、その契約金の一部を受け取るという仕組みです」

試合での勝利は評価に直結しない

だから、ブスコンは目先の勝利を追うのではなく、育成に主眼を置いている。試合で経験を積むことは大切だが、勝利自体に大きな意味はない。目標はあくまで「一六歳でアカデミーと契約できる選手に育てる」ことだ。そしてアカデミーの目標はメジャーリーグで活躍できる選手を育成すること。だから一六歳でいくら技術があっても、二五歳になったときにメジャーリーグで活躍できる可能性を持つ選手でなければ、アカデミーから声はかからない。

「技術や勝ち方をガンガン教え込んでも、スカウトの目にとまるとは限りません。一五歳で完成していて、これ以上伸びしろがないと判断されればチャンスは与えられない。だから、ドミニカの指導者は『二五歳のメジャーリーガー』から逆算して、指導しています。どれだけ可能性を伸ばすかを考えていますね」

もちろん、試合でしか身につけられないものがある。しかし、一六歳から一八歳のカテゴリーでチームが何回優勝しても、メジャーリーグに選手を送り出すことができなければ、その指導者が評価されることはない。

「試合の結果がよくても、選手がその後どれだけ伸びるかは誰にもわかりません。勝利と評価は必ずしも直結しない。日本の野球であれば、甲子園に出た監督、優勝した監督が優れているということになります。五年間、一〇年間でどれだけプロ野球に送り込んだかというのは、また別の評価。『いま勝てる監督』が高い評価を受けるところが、ドミニカとの一番の違いではないでしょうか」

「高校野球の三年間で」というフレーズがよく使われるが、高校球児に与えられる時間は少ない。一年の春に入学して最後の夏の大会（七月の地方大会。沖縄と北海道は六月から）までは二年四ヵ月しかない。

三月〜四月に春季地区大会、七月に夏の甲子園の地方大会、八月に全国大会が終われば、九月〜一〇月に翌年春のセンバツ大会の予選が始まる。じっくり選手を育てる時間的な余裕は指導者にはない。

経験の少ない選手がミスをするのは当たり前

たとえば、早稲田実業高校の清宮幸太郎の成績を追ってみよう。

二〇一五年四月に高校に入学した清宮はすぐに春季東京大会にスタメン出場して話題を集めた。七月の西東京大会で六試合を戦い優勝。八月に行われた夏の甲子園では準決勝まで進んだ。

その後、WBSC U18ワールドカップの日本代表に選ばれた。九月には和歌山で行われた国民体育大会に出場している。その後、秋季東京大会に出て二回戦で二松学舎大学附属高校に敗れた。

二年生になった清宮は、二〇一六年四月の春季東京大会(三回戦敗退)、七月の西東京大会に出場した(準々決勝で八王子高校に敗れた)。新チームでキャプテンを任された清宮は一〇月〜一一月に行われた秋季東京大会で六試合戦って優勝、一一月に開催された明治神宮大会では決勝まで勝ち進んだ。二〇一七年は三月のセンバツ大会(二回戦敗退)、四月の春季東京大会に出場。五月に関東大会を戦い、七月に行われる西東京大会で最後の甲子園出場を目指すことになる。

高校入学直後からレギュラーとして活躍した清宮は間違いなく同世代で一番忙しい高校球児だが、すぐにポジションをつかむような有望選手ほど結果を求められ、勝利に対する責任を負う。

指導者のプレッシャーもまた相当だ。野球に力を入れる強豪校の多くが私学で、戦力が充実している年もそうでない年も「甲子園出場」を目標に掲げて戦うことが義務づけられている。選手にじっくり技術を教え、成長を待つ時間的な余裕などないという現実がある。

「高校三年の夏に成果を出そうと思ったら、入学から二年ちょっとしかない。指導者が手取り足取り教えたり、型にはめたりしないと、勝てるチームにはなかなかなりません。選手に『考えさせる』より答えを『教える』ことを選ばざるをえない。そうでないと、とても間に合いませんね」

選手を追い込んで、チームの全員に同じ方向を向かせるために、暴力的な指導を行う指導者がいても不思議ではない。選手たちの成長を待てないというのが指導者側の本音だろう。

大会はいずれも、「負けたら終わり」のトーナメント制だから、監督が常に目の前の勝敗にナーバスになるのは理解できる。「焦るな」と言うほうが無理だ。監督のストレスが暴力的な指導となって選手に向かい、爆発することもきっとあるだろう。

試合でも練習でも声を荒らげる指導者はいない

ラテンアメリカの指導者はどうなのか。手をあげたり、厳しい言葉を投げつけたりすることはないのだろうか。

「日本の高校生と同じ一六歳から一八歳の選手たちを指導するドミニカのアカデミーの指導者にいろいろと勉強させてもらっていますが、僕が見た限り、試合中も練習中も声を荒らげる人はひとりもいません。もちろん、選手はミスもしますし、消極的に思えるプレイもします。それでも、叱りつけることはなく、じっと観察をしています。ミスの前後を、しっかりと見ているのです。試合や練習の翌日、選手が落ち着いたところで冷静に話をします。試合に勝つことが最重要ではないので、時間をかけて選手の成長をサポートしているようです。それがこの国共通の指導法ですね」

日本の高校野球では、監督が練習中にプレイを止めて、選手を立たせたままで怒鳴ることがよくあるが、そんなシーンは皆無だ。日本には「鉄は熱いうちに打て」ということわざがある。だが、ドミニカの野球指導者にはその考え方はない。

「僕も指導者に『どうして怒らないの？』と聞いたことがあります。『どうしてできないんだ？　とか、なぜまた同じことを！　と心のなかでは思う。ただ、その年代の選手は経験が足りないからミスはするものだ』と言います。彼らが選手に対してすることは、前向きにプレイできる環境をつくること。そのために指導者はどうすればいいのか、選手とどう接すればいいのかを考えています」

すべては選手の成長のために。

叱りつけたり、怒鳴ったりしたら、彼らとのコミュニケーションが難しくなってしまう。ドミニカの指導者にライセンスはないが、メジャーリーグの考え方の影響を強く受けており、過剰な指導を行うことはない。

メジャーリーグのアカデミーの指導者は、ドミニカやベネズエラなどのラテン系で、メジャーリーグに上がれなかった人が中心。基本は一年契約。メジャー球団が決めたガイドラインに沿った指導ができているかどうかで評価される。

「彼らはよく『いまはよくても、先で伸びない』『あまり厳しくしすぎると野球が嫌いになってしまう』『教えすぎると、チャレンジする心がなくなってしまう』と言います。だから、言いたいことがあっても、指導者はグッと我慢をしているのではないでしょうか」

選手に対するリスペクトはあるか？

日本では、中学一年で神童、高校一年で天才と言われながら、高校三年で「ただの人」になる選手はたくさんいる。ドミニカには途中で成長が止まる選手はいないのか。

「もちろん、一六歳でものすごい契約をしたのに、その後活躍できなかったという選手はいます。目立った長所がなく員数合わせで契約した選手があとで大化けすることもあります。どれほどの目利きでも、未来を完璧に予測することはできません。僕が面白いと思うのは、日本人とは選手の見方が違うこと。『彼はいい選手だね』と言っても、彼らは『これ以上は伸びない』と言い切ったりします。独特の見方があるようです」

日本でも、上原浩治（シカゴ・カブス）や黒田博樹（元広島東洋カープ）のように、高校時代に控えだった投手が大学で成長し、プロ野球で一流プレイヤーになったことはある。しかし、かなり稀有《けう》な例だ。

日本の場合、どうしても勝利至上主義に陥りがちだ。高校の二年四ヵ月で結果を出そうとすると、『勝つための指導』になってしまう。これは、仕方がないことなのかもしれない。

「あるとき、メジャー球団のアカデミーにいる一〇代の若い選手と面白い会話になりました。彼は日本のプロ野球に興味があるらしく、いろいろと質問してきます。僕はあえてネガティブなことを言いました。『ミーティングが多い』とか『練習時間が長い』とか。『場合によっては、ミスをしたときにひどいことを言われたり、されたりする可能性もあるよ』とも言いました。そうしたら、彼からこんな質問が返ってきました。『あなたたちの国の指導者には選手に対するリスペクトはないのか』と。

僕はそれまで、選手に対するリスペクトなんて考えたことがありませんでした。ドミニカの一六歳、一七歳にとって、それはあって当たり前のものなんですね。そのとき、ハッとしました。日本では、選手を尊敬の対象と見ていない指導者が多いのではないでしょうか」

指導者が正しいことを教え、選手がそれを黙って実行する。反論は許されない。少しずつ変わってきているが、選手を「勝つための道具」と考える指導者はたくさんいる。昔の高校野球はそうだった。指導者が絶対で、選手は従うものだという考え方が圧倒的だった。そこにリスペクトはまったく存在しなかった。

「ドミニカでは、指導者と選手は対等です。どっちがえらいわけではない。指導者がいるのは、選手が最大限のパフォーマンスを発揮するため。それが、五年後かも一〇年後かもしれなくても。もちろん、早く成長してくれれば、それにこしたことはありませんが、『結果が出るのはずっと先』だと指導者は心得ています。だから、焦っても仕方がない。指導者のそんな考えを聞いて、なるほどと思いました」

野球とは失敗するスポーツだ

野球という競技は、どれだけ完璧を求めても失敗が付きものだ。投手は毎日のようにストライクゾーンに投げる練習をしているが、すべての球がベースの上を通過するわけではない。一日一〇〇〇回以上バットを振っても、次の日にヒットを打てるかどうかはわからない。野球は失敗するスポーツだとも言える。

「アカデミーの世代なら、打率二割でもいいと言われています。失敗の多いスポーツだからこそ、どういう気持ちで打席に立つのか、マウンドに上がるのかが大事なのです。選手が『失敗したらどうしよう』『また、うまくいかないのでは？』と考えるようでは、指導者失格。だから、ドミニカの指導者は『今度は絶対に打てる』と思えるように、前向きに試合に臨めるように、選手に声をかけ、接するのです」

打者ならば、八割失敗してもいい。そんな考えがあるからこそ、指導者は選手を否定する言葉は絶対に口にしないのだという。

『だからダメなんだ』とか、『こんなこともできないのか』とか、『二度と失敗するなよ』などとは言いません。『失敗したら外す』という言葉も。たとえ三振してダグアウトに戻ってきても、きちんとバットを振っていたら『いまのスイングはいいぞ、次の打席も同じような気持ちでボールに向かっていこう。結果なんか気にする必要はない』と言います。ずっとそれの繰り返し。

もちろん、いいバッティングをしたときには『グッジョブ！』『次も大丈夫だ』と声をかける。きちんと選手を観察したうえで、『君のここがいいよ』と具体的に褒めます。どうしてもうまくいかないときには『こんな練習をしてみたらどうだ？』と言う」

打撃には失敗が付きものだが、守備はそうはいかないだろう。捕れる打球をきちんと処理しなければ試合は前に進まない。

「守備のときでも同じです。『自分のところに飛んできたら嫌だな』『失敗するかも』と考えて、うまくプレイできるでしょうか。いい結果を残すためには前向きでいることが大事です。『自分のところに飛んでこい』と思っているときのほうが、いい結果が出るはずです。『ミスを恐れないこと』を教えるのが指導者の仕事かもしれません。だから、ミスをした選手を叱ることはナンセンスだと彼らは考えています。野球は失敗の多いスポーツだからこそ、ドミニカでは丁寧に繰り返し、そういうアプローチをするのです」

トーナメント制だから勝利至上主義になる

この章の冒頭に「ドラフト指名の近道は甲子園で活躍すること」と書いた。もちろん、甲子園に出場したことがなくても上位で指名される選手もいるし、優勝投手が指名から漏れることもあるが、日本では「甲子園で活躍したかどうか」が大きな意味を持つ。

しかし、ドミニカには甲子園に当たる大会はないし（世界を見渡しても、ほとんどない）、そもそもそこに価値を置くスカウトはいない。指導者が見ているのは選手個人個人の能力だけだ。

「僕は日本の高校野球やその下のシニア、リトルリーグの関係者ともよく話す機会があります。日本のアマチュア野球が勝利至上主義になってしまうのは、負けたら終わりのトーナメント制だからだと思います。失敗が許されないから、練習時間も多くなるし、ミスを減らすことに神経をすり減らす。どうしても『負けないための野球』になってしまうのです。

将来有望な選手であっても、ミスが多ければ出番は少なくなります。伸びしろよりもいまの安定感が求められる。これは、トーナメント制の弊害と言えるのではないでしょうか。失敗を避けてチャレンジしない、負けないためのプレイを選択することになるのだと思います。

誰が悪いということではなく、そういう仕組みのなかで勝ち上がっていけばそうなるということです。ひとりのピッチャーに連投をさせざるをえないというのも、それが原因ではないでしょうか」

高校野球で活躍できなかったとしても、その先で才能を開花させればいい。みんなが「二五歳でメジャーリーガー」を目指すドミニカならば、それは可能かもしれない。だが、日本では高校で頭角を現さなかった選手が大学や社会人でプレイすることは難しい。大会で実績を残せなかった野球部の選手はユニフォームを脱ぐ可能性が高い。どれだけ伸びしろを持っていても。

「いくら素材がよくてもチーム成績の悪い選手は『自分たちはダメだ』と思って野球をあきらめてしまう。これは、日本の野球界にとって不幸なことです。ドミニカのアカデミーでは、リーグ戦形式で、三ヵ月で七二試合が行われます。日曜日以外は毎日が試合。投手のほとんどが中五日で登板します。投球制限があるわけではありませんが、先発投手は七〇球から七五球をメドに降板します」

メジャーリーガーは一試合一〇〇球をメドに中四日でローテーションを回す。そこから逆算して、ひとつの目安ができあがったようだ。

「一度『どうして？』と聞いたことがあります。『体ができあがったメジャーリーガーがそれくらいしか投げないのに一六〜一八歳に一〇〇球も投げさせられない』という答えが返ってきました。『連投なんてとんでもない』と」

二〇一三年のセンバツで、準優勝した済美《さいび》高校（愛媛）の安樂智大《あんらくともひろ》（現東北楽天ゴールデンイーグルス）が五試合で七七二球を投げたことがアメリカでも話題になった。アメリカ人にとっては衝撃的でも、日本ではなじみの光景だ。最近では複数の好投手を揃えて甲子園に乗り込むチームも増えたが、ここ一番の試合でエースが酷使されることを「当たり前」ととらえる風潮はまだ残っている。

「トーナメント制の大会で勝ったチームが評価される土壌ができあがっているので、それが指導者による暴力の遠因になっている可能性はあると思います。仕組みが変わらない限り、すべてをゼロにするのは難しいかもしれません。

ダルビッシュ有投手（テキサス・レンジャーズ）や田中将大投手（ニューヨーク・ヤンキース）クラスになれば、甲子園で勝とうが負けようが、プロが放っておくはずがありません。しかし、いい素質を持っている選手でも、高校時代にまったく実績がなければ球団は獲得に慎重になるでしょう」

日本プロ野球で七八勝、メジャーリーグで一二三勝した野茂英雄は、社会人の新日鐵堺で活躍し、一九八八年のソウルオリンピック日本代表に選ばれた。一九八九年ドラフトでは史上最多の八球団から一位指名を受けたが、成城工業高校（現大阪府立成城高校）を卒業するときには、どこからも指名されなかった。実績重視の日本球界では成績を残すことが大事なのだ。

部員数が多すぎることの弊害

アメリカでプレイする日本人がよく嘆くのは、メジャーリーガーたちの道具の扱いだ。「グラブを座布団のようにして座る選手を見て、心底がっかりした」と多くの選手が口にする。日本の選手が道具を大切にすること、礼儀正しいこと、協調性があること――、これらは野球を通じて培われるものだ。

「目上の人に対してきちんとした話ができるとか、自分から挨拶ができることなどは日本の野球選手の美徳です。しかし、規則でガチガチに縛ることは必ずしもいいことではないと思います。いまだに上下関係の厳しい高校はあるようですが、もし選手たちが野球を楽しめない状況にあるとしたら、それは問題ではないでしょうか。高校野球の環境、指導者の問題です。

好きで始めた野球をうまくなりたいという気持ちがあって、それに集中していれば、後輩をいびったり、いじめたりしている暇はない。自分のことで精一杯だと思います。しかし、残念ながら、そうではない現実があります。部員数が多すぎることの弊害ですね」

春夏合わせて三度の全国制覇を果たした智辯学園和歌山高校のように、新入部員を一〇名しかとらない野球部は珍しい。甲子園の常連校、全国制覇を狙う強豪のなかには部員が一〇〇名を超えるところはいくらでもある。

「日本の高校野球はトーナメント制なので、部員が多くても実際に試合に出られる選手は限られています。一〇〇人以上いてもベンチに入れるのは二〇人。試合に出るのは九人から一五人程度。実績のない選手にチャンスを与える余裕がありません。補欠の選手に、チームのために黒子に徹しろと言っても、一六歳、一七歳には酷です。どうしても目標を見失う人は出てきます。『どうせ、オレはあかん』『レギュラーになれるわけない』と思ってしまう。甲子園に出るために高校を選んだ人ほど、苦しむでしょう。レギュラー選手は九人だけ。腐る選手をしっかりケアできているチームがどれだけあるでしょうか。

ドミニカのアカデミーの各チームには通常、五〇人ほどが所属しています。どうしても故障する選手も不調の選手もいますから、その半分はピッチャーです。ローテーション投手と試合中盤から投げる投手の数を考えれば、そのくらいはいないと七二試合をこなすことができません」

野手も、レギュラーがすべての試合に出続けることは少ない。体調を見ながら、控え選手を起用する。

「二五人の野手も、一週間のうち、四試合に出る選手と二試合に出る選手というふうに分けられます。七二試合もあるので、どこかでチャンスがくる。それを逃さないように、腕を磨いているのです。『コーチがオレを使ってくれないから』という言い訳はできません。それに、ライバルは必ずしも自分のチームのレギュラー選手とは限りませんから」

たとえば、アカデミーに入る前の選手(日本ならば中学生)の場合、一回のトライアウト(入団テスト)で終わりではない。三〇球団のアカデミーがトライアウトを行い、それぞれの基準で選手の実力を測るからだ。Aというチームのスカウトの目にとまらなくても、Bから声がかかることもある。

「自分のポジションを脅かす選手にいじわるをしても何の意味もありません。大切なのは自分が選ばれることで、そのチームでレギュラーであることではない。だから、自分のチームのライバルを蹴落とそうなんて発想自体がありません。そこにあるのは、相対的な評価よりも、絶対的な評価ですね」

自主練習は原則禁止、やっても二〇分

練習時間の長さ、雑用の多さも、日本の選手たちのストレスの原因だ。なかなかプレイだけに集中することはできない。

「アカデミーの練習環境は、うらやましいくらいに整っています。グラウンドの芝も天然で、きちんと管理されている。僕があるときグラウンドに行ったら、誰も練習していませんでした。指導者が『今日の練習は終わり』と言うのです。『追加練習したいという選手はどうするの？』と聞くと『やっても二〇分だけ。それ以上やってもお互いのためにならない。疲れるだけだ』と答えました。そして、『自主練習は禁止だ』と言うのです」

日本では、プロ野球選手の「志願の特打ち」や「早出特訓」などを称賛する記事をよく目にする。一時間多くバッティング練習を行ったからといって、すぐに成果が出るわけではない。ただ疲労を蓄積させるだけのこともあるだろう。

「彼らは、『もう少しうまくなりたいという気持ちがあるなら、その気持ちを持ったままで次の日の練習に臨んでほしい』という考え方です。追加練習をして『やり切った！』と思うより、『明日はこうしよう』と考えて翌朝を迎えるほうがいい、と」

選手の「もっとうまくなりたい」という気持ちを自己満足で終わらせないための配慮だろう。長時間の練習は故障の原因になるし、集中力を欠いた状態では技術も向上しない。

「自分のプレイに集中して、うまくなることだけを考える環境をつくれれば、部内の暴力や選手の非行も防げるのではないでしょうか」

選手のために指導者がいる

選手と指導者のコミュニケーションの仕方も日本とはまったく違う。いくら時代が変わっても、日本の選手が監督やコーチに自分の意見を主張するのは簡単ではない。

「この点も、日本とは文化が違うので比較は難しいのですが、選手と指導者はフラットな関係というよりも、少し選手のほうに主体性があります。ドミニカの指導者は『選手のために指導者がいる』という考え方です」

何に悩んでいるのか、今後どうなりたいのか、それらを選手が言い出せるようにすることが大切だと指導者は考えている。

「指導者より選手のほうが多いので、彼らのことを知りたいと思えば聞くことに徹するしかありません。だから、指導者は『できるだけ聞きなさい』『選手が話しやすい環境をつくりなさい』と言われています。指導者が選手に合わせなさいと。選手が

『このスイング、どうかな？』と言いながら指導者に近寄っていくのを見るのは面白いですね。日本では見られない光景です」

監督の指示を直立不動、脱帽して聞くというのが日本の高校野球の風景だ。選手からアドバイスを求めるシーンはなかなか見られない。指導者が話し、選手が聞くのが日本、選手が話し、指導者が聞くのがドミニカのスタイルだ。

「野球の指導だけでなく、会社の上司と部下、親と子の関係にもあてはまるのではないでしょうか。一方的に話し、ただ聞くだけ。これでは正しいコミュニケーションとは言えません。

親しくしているコーチに私はいつも『指導者はまず観察しなさい、聞きなさい。彼らがどんなことを欲しているのかを知りなさい。バッティングやキャッチボールの音も含めて聞くことが大事。おまえは黙れ』と言われています。『選手たちのために、黙ったまま聞いて、子どもたちのために体を動かせ』と」

OBの筒香が加わった堺ビッグボーイズの試み

では、ドミニカのスタイルで指導をすれば試合に勝てるのだろうか。高校野球がトーナメント制で行われていること、勝利至上主義がベースにあること、選手が育つのを待つほど時間がないこと。この現実は変えることができない。

「ドミニカの指導方法をそのまま日本に持ってきて、勝てるかどうかというと、それはわかりません。勝つこともあれば、負けることもあるでしょう。甲子園に毎年出ることは無理でも、毎年プロ野球に選手を送り込むことはできるかもしれません」

阪長は現在、堺ビッグボーイズという中学生のクラブチームをサポートしている。二度も全国制覇を果たした強豪として知られているが、七年前から指導方法を大きく変えた。

「全国制覇したチームからプロ野球に進む選手が出ず、ひとりも大学で野球を続けなかったことに気づいて監督が方向転換しました。その元監督が、僕が所属する『プロスペクト』という会社の社長です。いま、埼玉西武ライオンズでプレイしている森友《とも》哉《や》捕手がいるときに、やり方を大きく変えました」

全体練習を短くして、選手自らが課題に積極的に取り組むように、自主練習を増やした。投手に関しては、球種の制限を設けて、スライダーやフォークボールは禁止にしている。

「ドミニカのアカデミーの投手はスライダーもフォークも投げません。カーブやチェンジアップをまともに投げられない投手もいる。『それで打たれてもいい』というのが彼らの考え方です。私たちのチームではカーブとチェンジアップはＯＫにしていますが、割合は決めています。『ストレートをどんどん投げろ』『打たれても怒らないから攻めろ』と言っています」

もちろん、試合では勝つことを目指して戦うが、勝利よりも大事なことがある。勝利数は減ったものの、「堺ビッグボーイズで野球をしたい」という選手が増えてきた。

「以前は学年二〇人くらいでしたが、いまは五〇人もいます。途中でやめる選手はほとんどいません。好きな練習をさせて、言いたいことを言わせるようにしています。ずっと前向きな言葉をかけていると失敗を恐れることなく、『オレ、できる！』『やったるぞ』と日本の子どもでも思うようになります。試合のとき、ベンチにいる選手が

『自分を使え』とプレッシャーをかけてくる(笑)。方針を変えてから、大学、社会人まで野球を続ける選手が増えました。

私たちのやり方だけが正しいとは思いませんが、子どもたちがのびのびと、自分を主張できる環境をつくりたいと考えています」

二〇一七年三月、チームのOBである筒香嘉智(横浜DeNAベイスターズ)が堺ビッグボーイズ小学部のスーパーバイザーに就任した。日本が準決勝まで進んだWBCで活躍した侍ジャパンの四番打者の思いがここにある。

「彼自身、『子どもたちには、こういう指導をしたほうがいい』という思いを持っているので、二〇一五年四月から少年部を立ち上げました。野球という枠にとどまらず、跳び箱だったり、でんぐり返しだったり、体を発達させることをどんどん取り入れています。

指導者に厳しく教えられすぎて、縮こまっている子どもや大人の顔色をうかがってばかりいる子がいます。私たちは違う形で長い目でその選手に関わっていきたいと考えています」

一〇〇年も続く高校野球の仕組みを変えることは難しい。しかし、そこでたくましく生きのびる選手の下地をつくることはできる。

阪長は甲子園よりももっと先を見ている。

「高校時代にチームとしての結果が出なかったとしても、個人で実績を残せなかったとしても、あきらめずに、めげずに野球を続けてほしい。その先に可能性はあるはずです。高校野球だけが野球ではありません。『こうやってオレは野球人生を歩んでいく』という目標を持って、長い目で見て野球に打ち込んでほしい。たとえ野球で芽が出なかったとしても、失敗してもチャレンジすること、困難を克服することの大切さを知れば人生に役に立つと思います。そこに価値があるのではないでしょうか」

ドミニカにはドミニカの、日本には日本の事情があり、やり方がある。一方で有効なものがそのまま通用するとは限らない。しかし、もしいい方法があるのならば日本でも取り入れない手はない。

選手にネガティブなことを言わない。

指導者は話すことよりも聞くことを心がける。

選手がチャレンジするように黙って見守り、タイミングを見て背中を押す。

これらは、今日からでもできることだ。

第7章　暴力なしで強くなる方法

監督として甲子園出場を目指す元プロ野球選手

前章でも指摘したように、高校球児の二年四ヵ月はあっと言う間に過ぎる。大きな故障をすれば満足に練習することができなくなるし、不調になればチーム内のライバルにポジションを奪われる。甲子園を目指す選手たちにとって、神経の休まるときはない。

ストレスの多い毎日を送るという意味では、チームを預かる監督の負担はそれ以上かもしれない。実績のある強豪校であれば常に甲子園に出ることが求められ、敗戦によって罵詈雑言《ばりぞうごん》を浴びることもある。特に、野球部の強化、甲子園出場が義務づけられる強豪私立高校の監督は、とてつもないプレッシャーにさらされている。それをはねのけて甲子園で勝利を重ねる監督たちは歴戦の勇者のようにも、戦場で戦う指揮官のようにも見える。

監督のなかには教員免許を持って教壇に立つ者もいれば、学校職員として指揮を執る者もいる。

二〇一六年四月、愛媛県にある私立、帝京第五高校の野球部監督に就任した小林昭《あき》則《のり》は、かつて千葉ロッテマリーンズでプレイした元プロ野球選手だ。帝京高校（東京）から筑波大学を経て一九八九年ドラフト二位で入団したが、七年間で一勝も挙げることができず、ユニフォームを脱いだ。マリーンズの球団職員をつとめたのち、母校である帝京高校の教師になることを決意した。筑波大学在学時に取得できなかった教員免許をとり、保健体育の教員になった。

かつてプロ野球と高校野球の間には高い壁があった。教員免許を取得したうえで、一〇年間勤務してからでないと、野球部の指導に携わることができなかった。しかし、その制限も少しずつ緩和され、二〇一三年には学生野球憲章が改正され、教員免許を持たない者でも、一定の研修を受けることで高校野球の監督ができるようになった。これによって、ここ数年でプロ野球選手だった高校野球監督が激増している。

小林が教員になったころには、まだ高い壁があった。野球部の指導に携わることができない期間もあった。その後、野球部のコーチとして甲子園のグラウンドに立ったこともあったが、その後は野球部ではなく、バスケットボール部の顧問をつとめていた。

その小林が帝京第五の監督に就任したのは、甲子園に出るためだ。しかし、県内では強豪と認められていたが、長く聖地に足を踏み入れることができなかった。県大会の準決勝や決勝に進みながら苦杯をなめ続けたチームをどうやって変えるのか。縁もゆかりもない地にひとりで立った小林の前には、問題がたくさんあった。

突出した選手はいない。チームには負け癖がついている。選手たちの生活態度は褒められたものではなく、意識も低い。

意識改革はご飯の食べ方から

「それまで帝京第五は一年おきに監督が交代するような状態だったので、選手には指導者に対する不信感みたいなものがあったような気がします。私が就任してすぐに厳しい言葉をかけたときの選手たちの目が忘れられません」

全員を集合させ、自己紹介に続いて今後の方針を言い渡した。小林にとっては基本的なことばかり。しかし、選手の顔には新監督に対する反発の色が浮かんでいた。話をしたあとに遠くから彼らを振り返ったら、全員が小林をにらみつけていた。

「困惑や不安を隠すために、反発するような態度をとったのだと思います。それまでは指導者に放任されていたので、厳しい監督に対するアレルギーもあったのでしょう。それを見て『きた！　きた！』と思いました」

過去、甲子園出場は一度しかなかったが、県内はもちろん、関西からも腕自慢の選手たちが集まってくる。自分の実力に自信を持つ彼らが、新しい監督をすんなり受け入れるはずがない。

「私は、それだけパワーがあると感じました。鍛えがいのある選手たちだと。実際に一対一で話をすると、反抗的に見えた選手たちも、目をギラギラさせて食いついてきました。聞く耳を持ってくれたので助かりました」

監督就任前に行われた春季愛媛県大会ではベスト8に進出していたものの、プロ注目の逸材がいるわけでもない。選手たちの体は小さく、食も細かった。

「まずは食事から手をつけました。全員が寮生活なのですが、食事の時間はバラバラ、嫌いなものは食べないで残す。それでは寮のよさを生かせませんから、すぐに改善しました。食事は全員で揃って食べるようにしました。ご飯はどんぶり二杯以上と決めて。食べ方や姿勢についても口うるさく言いました。

まずは体を大きくするために量を食べさせました。それまでは偏食の部員が多かったし、食べる量も物足りなかった。『とにかく食べろ』と言いました。七月にはみんなの体重が五キロ〜一〇キロ増えていました」

自分の変化がわかると選手が勝手に練習する

しかし、夏の県大会は松山商業高校に二回戦負け。監督としての初陣はあっけなく終わった。古豪のユニフォームを見て萎縮したのか、自分たちの力を発揮することができなかった。

「夏までは三年生主体のチームで、二年生にはあまり経験がありませんでした。だから、練習するしかないと考えさせ、相当な練習量を課しました。真夏なのにタイヤを引っ張らせたり、走る量を増やしたり……。選手には戸惑いがあったでしょうね。『今日は練習試合があるんですけど』と言われても、『練習試合の結果は関係ない。いまは走り込み、追い込み期間、体力をつけよう』と言い含めました」

食事の習慣を変え、練習量を増やした。一、二年生には継続的に量を食べさせた。食べれば太るから走らなければならない。そのうえで、もっと体を大きくするためにウエイトトレーニングを重視した。

「付きっきりでウエイトトレーニングを教えると、みるみる筋肉がついていきました。筋肉がつけば見栄えもよくなるし、打球も速くなるし、飛距離も出てきます。自分の変化がわかると、放っておいても選手たちが勝手に練習するようになりました」

ウエイトトレーニングの次に教えたのが試合の進め方だった。

「投手と野手の考え方の違いや心理について話をしました。私はずっとピッチャーをやっていましたが、バッティングが好きだったもので。いかに有利にゲームを進めるか、その方法について話し、練習試合で実践させました。それまで負け癖のようなものがあったのですが、勝ち続けることで本人たちに『絶対に負けたくない』という意識が芽生えてきました」

当たり前のことを当たり前にやるように厳しく指導

秋季愛媛県大会では決勝で宇和島東高校にサヨナラ負けしたものの、二位で四国大会に進み、高松商業高校（香川）、英明高校（香川）などの強豪を撃破して決勝に進出。翌春のセンバツ大会の出場を確実にした。監督就任からここまで、わずか半年。これほど短期間でチームが変わったのはなぜなのか。

「四国大会に進んでからは、ピッチャーがいい投球をしてくれて、決勝まで進むことができました。ここまで勝ち上がることができたのは、技術を磨いたからではありません。私が監督になったときにほかの先生から言われたのは、『野球部員の生活態度をなんとかしてほしい』ということ。授業をきちんと聞く、提出物を期限までに出す、服装を整える。学生として当たり前のことを当たり前にやれるように厳しく指導しました。いまでは『野球部の子たちは変わった』と言われています」

生活面の変化が野球の勝敗にも関係していると小林は胸を張る。

しかし、四国大会決勝では甲子園常連校の明徳義塾に二対一で敗れた。

「初回にいきなり六点を取られ、圧倒されました。個々の力もそうですが、チームとしても全然違う。全国優勝を狙うチームの底力を思い知らされました。甲子園に出るのが目標のチームとは全然違います。でも、選手にとっては全国のレベルを感じられた貴重な試合になりました。

選手たちには『明徳のレベルまで上げないと、甲子園で恥かいて帰ることになるぞ』と言いました。うちの高校にはホームランバッターも、足の速い選手もいない。だから、ランナーを二塁に進めること、そこからランナーを返すことを徹底して練習しています。チャンスをどうやってモノにするか、その場面で相手投手がどんな攻め方をするか、どういう気持ちで打席に立てばいいのかを考えさせています」

勝負強さは一朝一夕では身につかない

負けたら終わりのトーナメント制で勝ち上がるためには、勝負強さを身につけなければならない。

「練習や練習試合では、選手をどんどん追い込んでいます。一アウト二塁の場面をつくって、あとのふたりの打者でなんとかして返す。その積み重ねです。徹底して意識を植え付けてきたので、選手たちの声が変わってきました。

打てそうにないときは、フォアボールでいい。相手はボール球を打たそうとしているのだから、しっかりと見極める——、それを徹底しています。秋は公式戦一〇試合でフォアボールを八九個も選びました。フォアボールもヒットと同じ。私はそういう評価をします。特に低めの球の見極めについてうるさく言っているので、打者が低いボールに手を出すと『なんで打つんだ！』という声がベンチから飛ぶようになりました」

ボールの見極めをすることに特別な能力はいらない。心がけひとつでできること。

「今回、チームが勝ち上がることができたのは、ボール・ストライクをしっかり見極められたからだと思います。四国ではなんとか勝つことができましたが、全国ではそうはいきません」

二〇一七年三月、センバツ大会の一回戦で、夏春連覇を狙う作新学院（栃木）に一対九で敗れた。再び、全国優勝を目指すチームの底力を見せつけられる結果になった。

小林はまた甲子園に戻ってくることを誓っている。

ここからは小林の野球人生を振り返りながら「野球と暴力」について聞く。

痛い思いをしたから「どうすればいいか」を考えた

小林は幼いころ、純粋に野球を楽しむ少年だった。近所の野球好きのおじさんが監督をつとめるアットホームなチームにいた。勝って喜び、負けて悔しがる普通の野球。練習の合間にはチームメイトとじゃれ合い、ふざけ合った。小林は打っても投げても目立つ存在だった。

それが激変したのは、中学二年生で硬式のチームに入ってからだ。監督の指導は厳しく、猛練習も鉄拳制裁も日常だった。それまで感じていた面白さも楽しさも爽快感もなかった。それでも、打撃でも投球でもほかの選手を圧倒する自信があったから、野球をやめることなど考えなかった。帝京を進学先に選んだのは、一九八〇年春のセンバツ大会で準優勝した伊東昭光（元ヤクルトスワローズ）に憧れたからだ。

帝京の監督は前田三夫。甲子園で通算五一勝を挙げる名将（二〇一七年七月現在）だ。東京でも有数の強豪だけに監督の指導も上下関係も厳しかった。野球を楽しいとは思えない日々が続いた。

実力のある選手ほど上級生に目をつけられ、監督の期待を一身に受ける。そのふたつはときに暴力に形を変えた。練習試合で打たれれば怒鳴られ、抑えても激しい「愛のムチ」が飛んできた。

「私の場合は、徹底的に指導を受けたことで、精神的な強さが生まれました。『絶対に文句を言わせないように抑えてやる』と。監督にそういう計算があったのかどうかはわかりませんが、私がそれで強くなったのは事実です。『怒られないためにどうするか』と考えました。結果的に抑えても、打者有利のカウントになったらダメ。ストライクを先行させ、隙を見せることなく投げるように気をつけました」

練習試合でどんなに抑えていても気を抜くことはできなかった。油断した瞬間を監督は絶対に見逃さないからだ。相手の打者よりもベンチとの戦いだった。

「でも、公式戦になると、そんなことはありませんでした。それがわかっていたから、甲子園のマウンドではリラックスして投げることができました。自然と笑顔が出

『楽しもう』と思えました。相手がどんな強豪チームでも緊張することはありませんでした」

桑田真澄と清原和博が三年生となって甲子園に乗り込んできた一九八五年の春。センバツ大会では、小林がエースをつとめる帝京が順調に駒を進めた。一回戦は広島商業高校（広島）に、二回戦は東海大五高校（福岡、現・東海大福岡）にともに二対〇で勝利した。

「そのあとの報徳学園高校戦は相手の応援団の迫力がすごくて、初回に二点を取られてベンチに戻ってきたときに監督に怒鳴りつけられました。それで気が引き締まりました」

小林の好投で順調に勝ち上がり、準々決勝で報徳学園（兵庫）を、準決勝で池田高校（徳島）を下して決勝進出を決めた。桑田、清原のいるＰＬ学園は準決勝で伊野商業（高知）のエース・渡辺智男《とみお》（元西武ライオンズ―福岡ダイエーホークス）に敗北を喫していた。

「私の高校時代、帝京は東京で準優勝してセンバツに選ばれました。そのときの合言葉は『全国制覇』でした。目標を高く掲げたから冬の苦しい練習に耐え、決勝まで勝ち上がることができました」

決勝では伊野商業に〇対四で敗れ準優勝に終わったものの、小林にはある種の達成感があった。

素直すぎる選手をその気にさせる

いまから三〇年以上前、暴力的な指導はいろいろなところで行われていた。選手たちのヤンチャさは現在とは比較にならない。指導者を指導者とも思わない選手がいたことも事実、それを制圧するために暴力を使った監督もいただろう。当時の状況を小林は理解している。

「生徒になめられて、自分が思うようなチームがつくれるはずがありません。手を出してしまうのも、感情的にはわかります。もしかしたら、一発殴ったほうがその生徒のためになるんじゃないかと思ったこともあります。感情が爆発しそうになったときには、ただ、腕を後ろに回して、グッと我慢するしかありません」

きれいごとだけでは勝負には勝てない。厳しさのないチームはどこかで妥協するものだ。最後の最後まで油断せず、気を抜かず戦うために暴力的な指導が必要だった時代が確かにあった。

「いまでも勝負に徹するならば、厳しさを持ってやらなければいけない。ただ、いまの選手たちは素直すぎるくらいだから、言葉遣いや接し方に気を使います。逆に、暴力なんてとんでもない。むしろ、褒めてやらないといけないくらいです」

小林が監督に就任したチームの三年生に、その秋のドラフト会議で福岡ソフトバンクホークスから育成一位で指名された大本将吾がいた。身長一八六センチ、体重九四キロという堂々たる体格から鋭い打球を飛ばすパワーヒッターだ。しかし、性格はおとなしく、謙虚すぎるほど謙虚だった。

「ひと目見た瞬間に『プロに行ける選手だ』と思いました。ところが、本人にはまったく欲がない。『自分はそんな選手じゃないです』と、もじもじする感じ。打撃練習でライナーばかりを打っているから、『ホームランを狙えよ』と言うと、『ホームランバッターじゃないので』と返してくる。手首が早く返ってしまうという欠点があったので、そこを直すための指導をしました」

プロ野球のスカウトは打球を遠くへ飛ばす選手を評価する。高校時代の本塁打数を比較して選手としての能力を測ることにはあまり意味がないが、飛距離こそが打者の魅力だ。小林は大本に打球を高く上げる打ち方を教えた。欠点を矯正するためにキャッチャーフライを打ち上げる練習もやらせた。そのうちに打球が四五度の角度で飛ぶようになり、一気にホームランが増えた。

「練習でも試合でもホームランが出るようになると、本人もその気になってきました。しばらくすると、プロのスカウトの目にとまるようになりました。飛距離もあるし、打球も速いし、パワーもある。ドラフト会議では育成での指名となりましたが、彼は努力家で性格も素直なので、数年後には一軍でプレイしてくれるのではないかと思います」

誰しも可能性を秘めている。しかし、それを花開かせるためには指導者の適切な指導と助言が必要だ。大本は「僕がプロに行けるようになったのは小林先生のおかげです」と語っている。

「考える野球」を経験して野球観が変わった

一九八五年秋のドラフト会議で、ジャイアンツが清原ではなく桑田を指名して大騒ぎになったころ、センバツ準優勝投手の小林は進学先として筑波大学を選んだ。けっして野球が強いとは言えない国立大学。筑波大学からそれまでプロ野球に進んだ選手はひとりしかいなかった。小林はプロ野球選手よりも、教員になろうと考えていた。

野球部の寮はなく、練習は選手の自主性に任されていた。二四時間態勢で野球だけに集中する強豪野球部とはまったく様子が違っていた。

「練習試合に行くときも、それぞれの車で現地に向かっていました。東都大学リーグの野球部グラウンドにバラバラで集合して、試合に勝ったこともありました。相手の監督が『あんなチャラチャラしたところに、なんで負けるんだ』と怒っていましたね。

野球の技術だけを見ればほかより劣っていたかもしれませんが、考えて野球をしていました。私は高校時代に『野球をやり切った』という思いがあったので、教員免許をとりながら楽しく野球ができればいいと思って筑波を選んだのですが、選手たちの野球への取り組み方を見て考えを改めました。私立高校からの推薦入学は私が初めてだったということもあって、真剣に野球に向き合いました」

小林の一学年先輩には一五〇キロサウスポーの渡辺正和（元福岡ダイエーホークス）、一学年下には一九八六年のセンバツ大会で池田を優勝に導いた梶田茂生（日本生命）がいた。この三人を中心に一九八七年の秋季首都大学リーグで初優勝。明治神宮大会では、準決勝で東都リーグの王者・東洋大学、決勝で東京六大学の覇者・法政大学を下して初めて日本一になった。

「筑波で野球を始めてから野球観がガラリと変わりました。それまでの『やらされる野球』から一変しました。厳しいだけ、苦しいだけじゃない野球を経験したことで、自分も変わりました」

どのチームも勝つために一生懸命に野球に取り組んでいる。選手が寮生活をして、朝から夜まで野球だけに打ち込む野球部もあれば、筑波大学のように選手が主体性を持って練習に取り組み、授業にもしっかり出て、アルバイトにも勤《いそ》しむところがあってもいい。

勝つためのアプローチはいくらでもあることを小林は学んだ。

ドラフト二位で入団したがプロでは一勝もできず

一九八七年に小林は日米大学野球の日本代表に選出された。メンバーには、葛西稔（法政大学）、長谷川滋利《しげとし》（立命館大学）、野村謙二郎（駒澤大学）など、のちにプロ野球で活躍する選手が揃っていた。一九八九年秋のドラフト会議でロッテオリオンズ（現千葉ロッテマリーンズ）からドラフト二位指名を受けた。

即戦力として期待されたが、プロ七年間で二七試合に登板して一勝も挙げることができなかった。

「私に野球の才能があったかどうかといえば、あったと思います。でも、それでもプロ野球ではうまくいかなかった。それは努力の仕方が甘かったし、間違っていたからです。努力している人の二倍も三倍もやって初めて『努力をしている』と言えるのです。

ドラフト二位で入ったので、はじめのころは一軍で投げさせてもらえましたが、結果が出なかった。三年目に新しい監督になって一軍での登板が減りました。二軍でいくら調子がよくても、スピードも体格も実績もないピッチャーにチャンスは巡ってきませんでした。

身長が一七三センチしかなくて、スピードも一四〇キロそこそこしか出ない投手がどうやって生き残るのか。『コントロールしかない』と気づいたのは引退する二年くらい前。コントロール重視でいこうと考えても、自分が思うように投げられない。そこで自分のフォームを分析しながらひとつひとつ確かめていきました。その結果、どのようにボールに力を伝えればきちんとキャッチャーミットに届くかがやっとわかりました。それがあったから、いま、選手に指導することができるのです。

一九九五年のシーズンオフ、肩を休めずに投げ続けて、二月のキャンプインを迎えました。オープン戦の防御率は〇・〇〇。やっと開幕一軍に入れました。そのとき『どうしてオレはこれをプロ一年目からやらなかったんだろう』と思いました」

しかし、このシーズンはわずか三試合の登板に終わり、現役を引退。二〇〇〇年に帝京に戻るまでの二年間、マリーンズで打撃投手兼スコアラーをつとめた。

「プロ野球で成功する人と活躍できない人の違いは、野球を突き詰める研究熱心さ、自分に対する厳しさです。私と同じ年にドラフト一位で入団したのが小宮山悟さんでしたが、プロで一〇〇勝以上挙げてメジャーリーグにも行きました。スコアラーになったとき、選手にデータを用意したのですが、それをきっちり読み込んで『こんなデータはない？』『こういうのを取って』と言うのは小宮山さんだけでした。一試合ごとにあれだけ相手を研究する投手はいません。これほど野球に真剣に取り組まないと勝てないんだなと思いました。それに、裏方を本当に大事にしてくれました」

帝京の前田監督のすすめもあり、教員になる決意をした小林は、教員免許を取得するために再び筑波大学に通った。

「できない人」を「できる」ようにするための指導

教育実習に行った筑波大学附属高校で忘れられない出会いがあった。「もし、この先生に出会わなかったら、どんな教員になったかわからない」と小林は言う。保健体育の教諭で、サッカー部顧問でもある中塚義実だった。

「中塚先生には『体育教員を甘く考えてるんじゃないか。体育の授業で運動だけさせておけばいいと思っていないか。おまえは、おそらくそういうタイプだな』と言われて『はい、そうです』と答えました。『そんなことは、そのへんを歩いてるおじいちゃんやおばあちゃんでもできるぞ。できない人に技術をしっかりと身につけさせて、ゲームで実践させるのが体育教師の仕事だ。そのためには、いろいろな方法があるんだよ』と言って、ノウハウを教えてくれました」

このときの教えがあったおかげで、野球の指導に関する考え方も変わった。プロ野球選手としての晩年、引退後の裏方の仕事、中塚の教えによって、小林自身も大きく変わった。

「かつて一緒に野球をしていた仲間が中学生、シニア世代の指導をしているのですが、どうしても根性論になってしまう。子どもたちは技術を教えてほしくて練習に来ているはずなのに、根性論から離れられない。その友人は技術も持ってるし、経験もあるから教えられるはずなんだけど、どうしてそうなるのか……」

根性論で育って勝利してきた者は、なかなかそこから抜け出せない。だから、選手にも同じことを要求してしまう。そのなかには暴力も、暴力的な指導も含まれる。

「なんでこんなことができないんだ」と言って、選手に厳しく当たることになる。しかし、小林は回り道をしたことで、根性をベースにした野球から離れることができたのだ。

「できないことをできるようにするのが指導だと教えてもらいました。野球のうまい子でも、右利きなら左でボールを投げることは難しい。『しっかり相手の胸に投げる』ということもなかなかできない。それをできるようにするのが練習だし、指導です。『自分ができること』と『できない子をできるようにする』のはまったく違いますから」

野球以外の世界に触れて視野が広がった

高校野球でも、自分の指導に自信を持てない指導者がいる。特に、経験のないポジションに対して苦手意識を持つ者は多い。

「投手をしたことのない指導者から『ピッチャーを教えてほしい』と言われることがあります。そのチームのピッチャーと指導者に話をするのですが、私は『頭で理解するのと実際とでは違いますから、監督さんもやってみてください』と言います」

投球練習で、アウトコースに一〇球続けてすべてストライクを投げることは難しい。

「どうしてうまく投げられないのか、どうすればきちんと投げられるようになるのかを、確かめながら自分でやってみる。はじめは全部ボールかもしれません。そのうちに一〇球のうち五球は投げられるようになって、最後には一〇球すべて投げられるようになる。その過程に指導のポイントがあるのです。だから私はこう言います『自分でできるようになってください。自分はピッチャーをしたことがないから、というのは逃げですよ』と」

小林は帝京第五の監督に就任する前の四年間、野球部と離れ、バスケットボール部の顧問をつとめていた。

「野球部を離れてから最初の一年は教員だけやって、そのあとはバスケットボール部の顧問になりました。顧問として何ができるかと考えて、技術以外の、人間性の部分をサポートすることにしました。

ずっと野球の世界で生きてきたなかで、バスケットボール部の顧問をしたことでスポーツに対する考え方が変わりました。ふたつの競技に共通点はほとんどありませんが、野球界とは違う世界に触れたことが自分のプラスになっています。バスケットの指導者が集まって、指導者同士で勉強をしているのを見て、『こういう世界もあるのか』『野球界でも指導者同士で交流できれば』と思いました。

私は野球界の人間なのに、みなさんが受け入れてくれて、いろいろな先生にお世話になりました。新しい人脈もできましたし、私の視野も広がりました。勝負に対することも勉強させてもらいました。野球以外のところで学んだ経験がいまの自分を支えてくれています」

本当に大事な場面で力を出せる選手に

根性論のなかで育ち、厳しい監督の「愛のムチ」によって勝利を積み重ねたセンバツ準優勝投手は、大学で「考える野球」に触れた。

一勝もできなかったプロ野球、引退後に球団の裏方の仕事を経験したあと、教員として「できない人をできるようにする指導法」を得たことで、小林はやっと「暴力なしで強くなる方法」にたどり着いた。

「時代は変わって、野球の指導における暴力はかなり少なくなったと思います。それによって、部内のいじめや厳しすぎる上下関係もまた減少しているはずです。

勝つためのアプローチはいろいろあっていいでしょう。とことんまで選手を追い込んで厳しい練習をさせるというのもひとつの方法です。まだこのやり方が主流なのかもしれません」

高校野球では、選手の自主性に任せている時間はない。勝つためには何かを犠牲にしなければならない。個性を無視して、指導者の型にはめるのも有効な方法だろう。

「選手に『自由にやっていいよ』と言っていたら、いつまで経ってもチームはできないでしょう。『型にはめるのはどうか』という意見もありますが、基本は大事です。基礎を固めて、基本を身につけたあと、そのうえに個性を乗せればいい。『自分らしいバッティングをしたい』というなら、基本ができたあとでやってくれと思います。

いまはいろいろな情報がたくさんあって、基本ができていないのにそれに惑わされる選手が多いですね。甲子園を目指すチームなら最低限、それはできていないといけないでしょう」

何万人もの観客が見つめる甲子園で、この一球で勝負が決まるという場面で、どうすれば力を発揮できる選手に育つのだろうか。

「いくら体力があっても、技術を身につけても、大事な場面で出せなければまったく意味がありません。緊張する場面でいい結果を残すのは簡単なことではない。『ヒット一本出れば逆転』『エラーをしたら負ける』という場面でどうやって力を出すのか」

監督に殴られたくないから必死にボールに食らいつく選手も昔はいただろう。痛い思いをしたくないから「絶対に抑えてやる」と気合を入れる投手もいた。しかし、いつまでも根性論のなかで野球を続けていいはずがない。

「だから、『練習中からもっと緊張しろ』『自分で責任を感じろ』と言っています。チャンスの場面で打てなかった選手は、ガンガンに責めます。怒鳴りつけて『チクショー』という気持ちを植え付ける。ただ『チクショー』と思うだけでは打てないので、その場面の投手の心理、自分の攻められ方を教えるようにしています。

そのうえで、プレッシャーをかけます。怒っても効き目がないときには、苦しい思いをさせます。たとえば、全員で走らせる。自分のせいで仲間が苦しむことになれば、責任を感じるはず。こういう練習を続けていくうちに、選手たちはチャンスにもピンチにも強くなりました」

グラウンドに暴力があった時代に育った小林は、いま、暴力を全否定する。

「暴力でしか選手を抑えられないというのなら、それは指導者の問題です。その人に指導力がない証拠。もし選手が試合でミスをしたとします。それでバーンと叩いて試合に出さなかったら、その選手は不満を持って、後輩に暴力をふるうかもしれない。暴力は絶対にいけないことです。それでも、その必要があったとしたら、とことん育てるしかない。最後まで面倒を見なければいけない。指導者にはその覚悟があるのでしょうか」

監督就任から一年、甲子園常連校に力の差を見せつけられた小林は、「暴力なしで強くなる方法」で全国制覇できるチームに変えるつもりだ。

小林のチャレンジは始まったばかりだ。監督に就任してすぐに成果が出たが、この先もうまくいく保証はない。さらに高いレベルを目指すとき、指導法はまた変わるかもしれない。

勝利が選手を変える。選手が変わればまた指導者も成長していくに違いない。

おわりに

二〇一七年春、東京六大学春季リーグ戦で、私の母校である立教大学の野球部が三五シーズンぶりのリーグ制覇を成し遂げた。直近の優勝は一九九九年秋、二一世紀になって初めての快挙だった。その原動力になったのが、ともに三勝を挙げた田中誠也（大阪桐蔭高校出身）、手塚周《しゅう》（福島高校出身）というふたりの二年生投手。抑えの切り札としてゲームを締めたのが一年生の中川颯《はやて》（桐光学園高校出身）だった。

明治大学では昨年夏の甲子園優勝メンバーである入江大生《たいせい》（作新学院高校出身）、慶應大学では準優勝投手の大西健斗（北海高校）、早稲田大学では甲子園春夏ベスト8の木更津総合高校のエース・早川隆久らが神宮デビューを飾った。若い力が台頭することで、リーグは活性化していく。

彼らの堂々としたプレイを見て、三〇年前のことを思い出した。

私が入学した一九八六年、立教大学野球部は二〇年も優勝から遠ざかっていた。万年五位のチームに新しい風を吹き込んだのが、前年夏の甲子園に出場した立教高校の選手たち——サウスポーの平田国久、二塁手の髙林孝行、外野手の黒須陽一郎らが他大学の精鋭を相手に堂々と渡り合った。新入生を積極的に登用し、活躍を後押ししたのが、当時の横川賢次監督だった。

横川は選手に対してときに厳しい言葉をなげかけるものの、手をあげることはなかった。「暴力反対」の立場を鮮明にしたことで、チームに漂っていたどんよりとした空気が少しずつ変わっていった。神宮球場で活躍した一年生が上級生に難癖をつけられ、いじめを受けるようなことも一切なかった。

一九八五年に母校の野球部監督に就任した横川はそれまでの体質を変えることでチーム強化を図ろうとした。私にとって恩師でもある横川に「野球と暴力」について聞いた。

一九四〇年生まれの横川は、先輩によるしごきが珍しくなかった時代にその洗礼を受けた。

「ちょっと目立ったことをすると『おまえは生意気だ』と言われる。自分の経験から言っても、暴力は何にもいいことなんかない。恨む気持ちが生まれるだけで、前向きになんかなれない。暴力は絶対に嫌だね、自分がやられているだけに。だから自分は手をあげなかったし、選手たちには『やってはいかん』ときつく言い渡した」

しかし、横川が監督に就任したときには、野球部には封建的なしきたりが残っていた。

「上級生が、自分たちの出番を確保するために、下級生を抑え込むようなことがあってはならない。神宮球場のロッカーで上級生がユニフォームを脱ぎ捨て、それを下級生が付き人みたいに黙って片づけるという光景を見たときに、生活面から直さないと野球はうまくならないと思ったよ。だから、監督になったときにおかしなしきたりはやめて、民主的なチームにしようと考えた。

縦社会であるというのは悪いことじゃない。だけど、上級生が下級生を付き人みたいに従えて世話させるのはおかしい。人に命令するんだったら、自分が率先して動かないと。自分は何もしないくせに『やれ』と言ってもダメだよな。

でも最初、四年生からはものすごく反発を食らったね。『そんなことをして勝てるようになるんですか。そうじゃなかったら、損ですよね』と」

先輩に対して「はい」と「いいえ」しか言えず、命令に従うのみ。そんな下級生がグラウンドで力を発揮できるはずがない。

「監督になったときには、選手をみんな同じ土俵のうえで競争させて、そこで結果を出した選手を試合で使うようにした。たまたま甲子園に出た選手たちが入ってきて、力を発揮してくれたから、一九八九年には二三年ぶりに優勝することができたし、翌年も勝てた。考え方を理解してもらうのにはどうしても時間がかかるよな」

もしあのとき、横川がチーム方針を大きく変えなければ、立教大学はその後も長く優勝から遠ざかったことだろう。現在、チームの指揮をとる溝口智成は横川監督時代の教え子で、一九八九年秋、九〇年秋にリーグ連覇をしたときの主力選手だ。

「いくら怒ったって、できないものはできない。だから、そこは奥歯をかみしめて、グッと我慢する。送りバントを失敗した選手に『バカヤロー、何やってんだ！』と言いたくなるけど、それをこらえて『次、取り返せよ』と言う。失敗した選手を怒ってもいいことなんかない。

殴ったら選手がわかるかといったら、そういうものでもないと思うんだよな。どんな理由があっても、暴力はいけない。一回言ってわかるんだったら、監督もコーチもいらない。できるまで何回でも何回でも言って聞かせるのが指導者の役割。高校野球の指導者に話をするときには『情熱しかない』と言う。それが指導者の条件じゃないか」

すべてのチームが優勝を目指して戦うが、勝ち負け以上に大切なこともある。

「大学の野球部は、野球をベースに人間形成をするところ。団体プレイを通じて、その後の人生のためになることを学んでほしいと思っていた。それが、野球部のためでも、学校のためでも、自分のためでもある」

これまで多くの野球選手が、暴力的な指導によって成長し、多くの栄光をつかんできたことは事実。生きるか死ぬかという切迫した場面で、「根性のある」選手が勝利を手繰り寄せた例はいくらでもある。

暴力的な指導によって日本の野球が発展した部分は否めない。だが、それは過去のことだ。これからも同じやり方を続けていくわけにはいかない。

多くの野球経験者の証言を総合すると、次のような結論に至る。

適格だと認められた指導者が本当にその選手のことを思い、しかるべき理由があって、それを指導者と選手が共有する場合にのみ、暴力は暴力ではなくなる。

しかし、実際には、誰かが指導者の資格を審査することも、理由を明確にすることも、両者の関係性を確認することもできない。だから、暴力は絶対に許されない。

本書でいくつかの提示をしたが、「暴力なしでチームを強くする方法」はひとつではないはずだ。指導する立場にある人は、懐にしのばせている暴力を捨てることから始めてほしい。もちろん、暴力とは行為だけではなく、言葉も含まれる。

本書がそのきっかけになるとしたら、これほどうれしいことはない。

本書の取材を行っているときや資料を探しているときに、自身の三〇年前のことを思い出した。自分が犯したミス、恐ろしい顔で怒る先輩、「説教」の前の息苦しさ、「特走」のあとの虚脱感……あのころが、昨日のことのように甦ってきた。

鬱々とした日々を耐えることができたのは、神宮球場でプレイしたいという思いがあったから。ともに苦労した仲間がいたからだ。

本書の取材を行っている二〇一七年二月、突然の訃報が届いた。大学野球部の同期のひとりが病で帰らぬ人となったのだ。

彼はどんなにしんどいときでも、前向きだった。

殴られても走らされても、いつも元気に振る舞っていた。

あの笑顔を思い出しながら、私は本書の原稿を書いた。

もう彼とは昔話を肴に酒を飲むことはできないが、天国で本書を読んでくれることを願っている。

二〇一七年六月　元永知宏

日本音楽著作権協会（出）
許諾第一七〇六一四〇三四—〇一

元永知宏―1968年、愛媛県生まれ。立教大学野球部4年時に、23年ぶりの東京六大学リーグ優勝を経験。大学卒業後、ぴあ、KADOKAWAなど出版社勤務を経て、フリーランスに。『パ・リーグを生きた男　悲運の闘将　西本幸雄』『本田宗一郎　夢語録』（ぴあ）、『PL学園OBはなぜプロ野球で成功するのか？』（新潮文庫）などを編集・執筆した。著書に『期待はずれのドラフト1位――逆境からのそれぞれのリベンジ』『敗北を力に！――甲子園の敗者たち』（岩波ジュニア新書）がある。

講談社+α文庫　殴《なぐ》られて野球《やきゅう》はうまくなる!?

元永知宏《もとながともひろ》

2017年7月20日第1刷発行

発行者――――鈴木 哲
発行所――――株式会社 講談社
東京都文京区音羽2-12-21 〒112-8001
電話 編集(03)5395-3522
販売(03)5395-4415
業務(03)5395-3615
デザイン――――鈴木成一デザイン室
カバー印刷――――凸版印刷株式会社
印刷――――慶昌堂印刷株式会社
製本――――株式会社国宝社

落丁本・乱丁本は購入書店名を明記のうえ、小社業務あてにお送りください。
送料は小社負担にてお取り替えします。
なお、この本の内容についてのお問い合わせは
第一事業局企画部「+α文庫」あてにお願いいたします。
Printed in Japan ISBN978-4-06-281722-6
定価はカバーに表示してあります。

講談社+α文庫 Ⓖビジネス・ノンフィクション

書名	著者	内容	価格	番号
真説 毛沢東 下 誰も知らなかった実像	ユン・チアン ジョン・ハリデイ 土屋京子 訳	『ワイルド・スワン』著者による歴史巨編、閉幕！〝建国の父〟が追い求めた超大国の夢は――	1000円	G 280-2
ドキュメント パナソニック人事抗争史	岩瀬達哉	なんであいつが役員に？ 名門・松下電器の凋落は人事抗争にあった！ 驚愕の裏面史	630円	G 281-1
メディアの怪人 徳間康快	佐高信	ヤクザで儲け、宮崎アニメを生み出した。夢の大プロデューサー、徳間康快の生き様！	720円	G 282-1
靖国と千鳥ケ淵 A級戦犯合祀の黒幕にされた男	伊藤智永	「靖国A級戦犯合祀の黒幕」とマスコミに叩かれた男の知られざる真の姿が明かされる！	1000円	G 283-1
君は山口高志を見たか 伝説の剛速球投手	鎮勝也	阪急ブレーブスの黄金時代を支えた天才剛速球投手の栄光、悲哀のノンフィクション	780円	G 284-1
*二人のエース 広島カープ弱小時代を支えた男たち	鎮勝也	「お荷物球団」「弱小暗黒時代」……そんな、カープに一筋の光を与えた二人の投手がいた	660円	G 284-2
ひどい捜査 検察が会社を踏み潰した	石塚健司	なぜ検察は中小企業の7割が粉飾する現実に目を背け、無理な捜査で社長を逮捕したか？	780円	G 285-1
ザ・粉飾 暗闘オリンパス事件	山口義正	調査報道で巨額損失の実態を暴露。ジャーナリズムの真価を示す経済ノンフィクション！	650円	G 286-1
マルクスが日本に生まれていたら	出光佐三	出光とマルクスは同じ地点を目指していた！〝海賊とよばれた男〟が、熱く大いに語る	500円	G 287-1
完全版 猪飼野少年愚連隊 奴らが哭くまえに	黄民基	真田山事件、明友会事件――昭和三十年代、かれらもいっぱしの少年愚連隊だった！	720円	G 288-1

*印は書き下ろし・オリジナル作品

表示価格はすべて本体価格（税別）です。本体価格は変更することがあります

講談社+α文庫 Ⓖビジネス・ノンフィクション

サ道 心と体が「ととのう」サウナの心得 タナカカツキ
サウナは水風呂だ！ 鬼才マンガ家が実体験から教える、熱と冷水が織りなす恍惚への道 750円 G 289-1

新宿ゴールデン街物語 渡辺英綱
多くの文化人が愛した新宿歌舞伎町一丁目にあるその街を「ナベサン」の主人が綴った名作 860円 G 290-1

マイルス・デイヴィスの真実 小川隆夫
マイルス本人と関係者100人以上の証言によって綴られた「決定版マイルス・デイヴィス物語」 1200円 G 291-1

アラビア太郎 杉森久英
日の丸油田を掘った男・山下太郎、その不屈の生涯を『天皇の料理番』著者が活写する！ 800円 G 292-1

男はつらいらしい 奥田祥子
女性活躍はいいけれど、男だってキツイんだ。その秘めたる痛みに果敢に切り込んだ話題作 640円 G 293-1

永続敗戦論 戦後日本の核心 白井聡
「平和と繁栄」の物語の裏側で続いてきた戦後日本体制のグロテスクな姿を解き明かす 780円 G 294-1

*毟り合い 六億円強奪事件 永瀬隼介
日本犯罪史上、最高被害額の強奪事件に着想を得たクライムノベル。闇世界のワルが群がる！ 800円 G 295-1

証言 零戦 生存率二割の戦場を生き抜いた男たち 神立尚紀
無謀な開戦から過酷な最前線で戦い続け、生き延びた零戦搭乗員たちが語る魂の言葉 860円 G 296-1

証言 零戦 大空で戦った最後のサムライたち 神立尚紀
零戦誕生から終戦まで大空の最前線で戦い続けた若者たちのもう二度と聞けない証言！ 920円 G 296-2

*紀州のドン・ファン 美女4000人に30億円を貢いだ男 野崎幸助
50歳下の愛人に大金を持ち逃げされた大富豪。戦後、裸一貫から成り上がった人生を綴る 780円 G 297-1

*印は書き下ろし・オリジナル作品

表示価格はすべて本体価格(税別)です。本体価格は変更することがあります